SUMARIO

LA CREACIÓN CULTURAL

en la Sociedad Moderna

LUCIEN GOLDMANN

PRÓLOGO: ALBERTO SANTAMARÍA

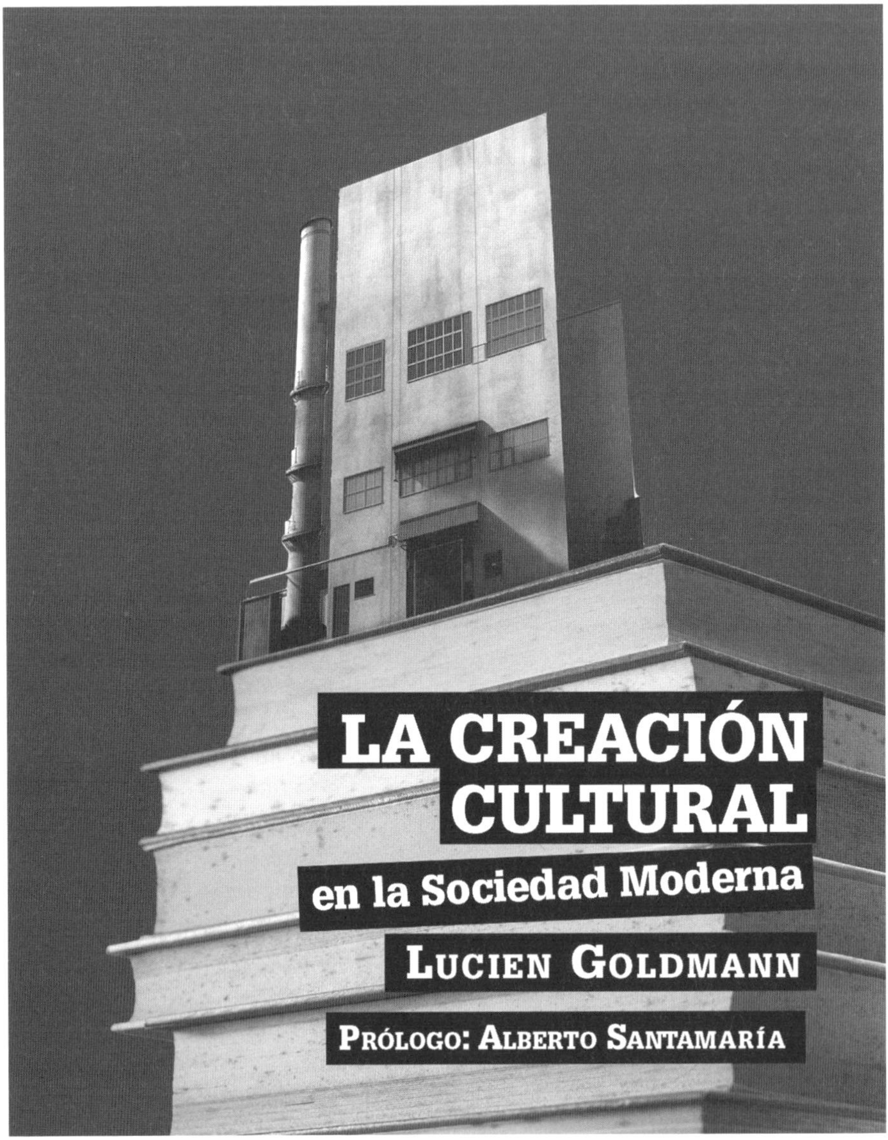

■ En su impresionante lucha por la supervivencia, el pueblo Palestino ha dejado al desnudo, frente al mundo y todas las instancias del derecho internacional, la sanguinaria complicidad y el doble rasero del Norte global, empezando por la Unión Europea y la mayoría de sus Estados miembro, con Alemania y Francia a la cabeza.

La naturaleza intrínsicamente neocolonial y militarista del actual proyecto europeo también se expresa a día de hoy con toda su crudeza en Palestina y en el efecto rebote de las lógicas coloniales de excepción del Estado de Israel hacia los Estados (cada vez más iliberales) de la UE, donde se reprime impunemente, cada vez con menos disimulo, toda forma de disidencia y lucha social.

Esto, no obstante, no ha impedido la emergencia de una extraordinaria ola de solidaridad internacional con el pueblo palestino a nivel global, que ha iluminado como nunca las contradicciones sangrientas sobre las que se sustenta dicho proyecto europeo: lo que se ha venido a llamar el modo de vida imperial.

Si en los años 60 la artista Martha Rosler creaba sus famosos fotomontajes para hacer irrumpir las atrocidades de la guerra del Vietnam en el comedor de la familia media americana, hoy no es preciso armar ningún *collage* para tomar conciencia de los materiales humanos y ecológicos sobre los que está cimentado el *jardín europeo*. La conexión directa y al minuto con el genocidio en curso da muestra de ello, de tal manera que nadie podrá decir que *no lo sabía*. Pero frente a la normalización de lo que Naomi Klein denomina "genocidio ambiental", hoy *la crítica del arte* se debe transmutar rápidamente en el arte de la organización.

De hecho, como ya pasó con la guerra del Vietnam o, más recientemente, con la guerra de Irak e incluso con las revoluciones árabes y el movimiento de las y los indignados que le siguió, estas movilizaciones a nivel global, que se niegan a ser cómplices de la masacre a través de su solidaridad con Palestina, pueden ser la brecha (y el movimiento estudiantil uno de sus catalizadores) por la que se abra paso la posibilidad de una recomposición de un internacionalismo de clase, ecofeminista y antirracista, frente al actual *imperialismo de crisis* y el auge de la extrema derecha.

Más que nunca somos conscientes de que la tarea de levantar una solidaridad de clase y entre los pueblos no parte de una posición moral abstracta, sino que constituye una cuestión de pura supervivencia, la *realpolitik* de toda política revolucionaria.

La urgencia de levantar esta solidaridad se desprende también de la actualidad europea, porque como nos dice **Miguel Urbán** en la presentación del **Plural**, *¿Quo vadis Europa?*, de este número: "[Europa vive] un momento crucial (...) en un contexto en el que los tambores de guerra no paran de resonar en las cancillerías, acercándonos peligrosamente al escenario de una nueva confrontación bélica mundial, con el telón de fondo de la emergencia climática y el desmantelamiento de la gobernanza multilateral y del derecho internacional que ha regido la globalización neoliberal durante las últimas décadas".

La presidencia española de la Unión europea, las conexiones entre el Pacto migratorio, la Europa fortaleza y el extractivismo neocolonial, los límites y consecuencias de una transición verde fundamentada en el poder de las grandes corporaciones, la remilitarización europea como proyecto de integración complementario al despotismo de mercado, las movilizaciones de las y los agricultores frente los tratados de libre comercio y por la soberanía alimentaria, el auge de las políticas securitarias, la xenofobia y la *lepenización* de los espíritus... sobre todo eso y más escriben **Jaime Pastor**, **Pedro Ramiro**, **Erika González**, **Sara Prestianni**, **Jordi Calvo**, **Alfons Pérez y Morgan Ody**.

El desorden global se abre con un artículo de **Luis Lloredo Alix**. Un excelente análisis materialista del poder judicial en España y el fenómeno del *lawfare*, a la vez que avanza propuestas concretas para combatirlo y democratizar el derecho. A continuación, **Nada Awad**, cambia de escala y nos ofrece una radiografía de la quiebra del derecho internacional a partir del *excepcionalismo* israelí. Tal como señala la autora: "El primer paso para abordar las causas profundas de la situación es reconocer que Israel está cometiendo el crimen de *apartheid* contra el pueblo palestino". Por su parte, **Ugo Palheta y Omar Slaouti**, ponen el foco en Francia y analizan algunas de las especificidades de la islamofobia a la vez que definen las dinámicas de fascistización y racismo institucional que la atraviesan.

Kelly Rogers, en **Futuro anterior**, nos acerca a la huelga minera de 1984-1985 bajo el gobierno de Margaret Thatcher, y el papel que jugaron las mujeres tanto a nivel sindical como político, que lejos de subalternizarse, irrumpieron creando formas de organización y politización que en muchas ocasiones desbordaron las inercias patriarcales de los sindicatos de la época.

En **Plural 2**, la pensadora francesa **Isabelle Garo**, nos ofrece una síntesis de su libro *Comunismo y estrategia* de próxima publicación en la editorial Sylone-***viento* sur.** Una lectura política sobre la obra de Marx donde la cuestión comunista se traslada al presente "en términos de mediaciones y transiciones, más que en términos de programa o de aspiración".

Maite Arraiza aborda en **Aquí y ahora** el auge del esencialismo en un sector del feminismo, destacando cómo las ideas esencialistas sobre las hormonas están siendo utilizadas para respaldar narrativas discriminatorias que perpetúan estereotipos de género y roles sociales.

En **Miradas**, nos encontramos con las fotografías de **Inigo Cabieces** que, como nos explica **Mariña Testas**, se convierten en un medio para preservar parte de la memoria personal y colectiva de la comunidad.

En **Voces** nos acercamos a la obra de la poeta y profesora **Milagros López**, "Aula", que nos presenta una serie de poemas centrados en adolescentes y que cómo señala **Alberto García-Teresa**: "sus piezas se abren desde las historias personales a todos los condicionamientos y efectos sociales que atraviesan nuestras relaciones".

Por último, contamos como siempre con los comentarios de libros de la sección de **Subrayados**. **M. C.**

Democratizar el derecho: algunas ideas para atajar el *lawfare*

Luis Lloredo Alix

■ En los últimos años se han acumulado numerosos escándalos ligados al poder judicial. Por un lado, cada vez es más evidente que el derecho se está empleando de manera sistemática como vehículo para criminalizar la protesta, para desacreditar a las y los contrincantes o para contrarrestar medidas que no pudieron ganarse en sede política. Desde procedimientos instruidos contra grupos ecologistas que se manifiestan para exigir medidas contra el cambio climático, hasta demandas inmotivadas que se admiten a trámite con el simple fin de castigar al adversario político, el derecho parece haberse convertido en una de las canchas más violentas de la batalla ideológica. Lo muestran las falsas acusaciones vertidas contra Mónica Oltra, que han quedado desmentidas tras dos años de instrucción judicial, y lo muestran las recientes acusaciones contra Begoña Gómez, la esposa de Pedro Sánchez, que tienen una base jurídica irrisoria. Pero todo eso da igual, porque lo importante para quienes inician estos procesos no es que lleguen a término, sino arremeter personalmente contra el objetivo de turno, amedrentar y generar caos informativo, con el objetivo de provocar la dimisión del rival o de rentabilizar la polvareda mediática en la carrera electoral.

Por otro lado, llevamos algunos años en los que se han producido varios casos clamorosos de intromisión de las altas instancias del poder judicial en asuntos de naturaleza política. El episodio más sonado fue el de la renovación del Tribunal Constitucional a finales de 2023, que estuvo bloqueada por el órgano de gobierno de los jueces, el Consejo General del Poder Judicial, que tiene el mandato caducado desde hace cinco años. Esto motivó, en su momento, una opereta político-judicial que desembocó en una renovación *in extremis* del TC, pero que dejó sin abordar las causas estructurales del problema. Por eso, entre otras cosas, el asunto ha vuelto a surgir con motivo de los debates en torno a la ley de amnistía para los independentistas catalanes. La preocupación, nuevamente, es saber hasta qué punto esa ley podrá ser eficaz, ya que se alberga la sospecha de que, una vez aprobada por las Cortes generales, será anulada por los tribunales. En definitiva, parece claro que estamos ante un proceso cada vez más agudo de judicialización de la política, bien porque se utiliza el derecho como ariete para desarbolar la credibilidad de determinadas figuras, bien porque se emplea como tercera cámara para neutralizar decisiones adoptadas por el poder legislativo.

Es incontestable que, en todo Estado de derecho, el ejercicio del poder está sometido a límites jurídicos y que, por tanto, la actuación de los órganos públicos puede ser objeto de revisión judicial. Sin embargo, el fenómeno al que estamos asistiendo va mucho más allá de esto. Para empezar, porque se ha vuelto habitual que los representantes políticos ventilen sus diferencias y posicionen sus intereses en sede judicial. Lo hacen a través de un uso sistemático de todos los recursos legales a su alcance, reenviando las discusiones políticas a la judicatura y manipulando la composición de los tribunales, con el objetivo de decantar las decisiones de las y los magistrados a su favor. A veces lo hacen para que un asunto no resuelto en la discusión pública sea zanjado por el pronunciamiento de un juez. Otras veces lo hacen para revertir medidas o decisiones con las que no están de acuerdo, pero que sí han sido resueltas mediante los cauces legítimos de la deliberación pública. En otras ocasiones lo hacen para posicionar mediáticamente un determinado problema, aun a sabiendas de que lo que se demanda no tiene fundamento jurídico, porque con ello se consigue marcar la agenda política. Y en otras ocasiones, en fin, lo hacen para derribar al contrincante mediante un ataque personal, porque el mero hecho de sembrar la duda genera réditos electorales.

Ahora bien, además de que los políticos hayan recurrido compulsivamente a la esfera jurisdiccional como arena de la disputa ideológica, se da también el fenómeno inverso: un activismo judicial desaforado, que convierte a algunos jueces y tribunales en verdaderos sujetos políticos, autoerigidos como tales e investidos de una presunta pátina de imparcialidad (Nieto, 2004). Es algo que está ocurriendo, además, en clara concomitancia con una derechización generalizada: aunque el uso del derecho como arma arrojadiza se ha producido ocasionalmente por parte de jueces cercanos al PSOE, es una práctica que, en su mayor parte, está siendo utilizada por las fuerzas reaccionarias. De hecho, una táctica característica de la derecha, convertida ya en compulsión, consiste en censurar cualquier propuesta del gobierno como ilegal o inconstitucional. Esto hace que la discusión ideológica se desplace una y otra vez al campo del derecho y, en consecuencia, se otorgue a las y los jueces un papel desmesurado en tales disputas. El problema es que este protagonismo de las instancias judiciales en la deliberación política es mucho más pronunciado de lo debido, porque sobrepasa su legítimo papel de control de la arbitrariedad de los poderes públicos. Y es un protagonismo peligroso por varias razones.

Primero, porque el ambiente en el que se forja a los juristas es tendencialmente conservador, lo cual favorece que desarrollen hábitos mentales afines al *statu quo*. En efecto, la formación en las facultades de derecho suele caracterizarse por un aprendizaje memorístico, poco crítico, formalista y reverente con las instituciones (Kennedy, 2012). Segundo, porque la forma de selección de jueces propicia que, en general, sean los miembros de una élite quienes terminan engrosando la judicatura: los largos años de estudio en las oposiciones suelen requerir un capital económico que criba a los futuros magistrados por su pertenencia a las clases privilegiadas. Eso hace que los estamentos judiciales se compongan, en su gran mayoría, por personas que desconocen la vulnerabilidad en la que se encuentran amplios sectores de la población. Tercero, porque el poder judicial carece de legitimidad democrática: al contrario de lo que sucede con el legislativo y el ejecutivo, las y los jueces no son elegidos mediante sufragio. Se accede a la función jurisdiccional a través de un procedimiento supuestamente meritocrático, que en realidad no es tal porque las élites jurídicas tienden a reproducirse gracias a un capital social que acumulan desde los tiempos del franquismo (Jiménez Villarejo y Doñate, 2012). Por último, porque los conflictos jurídicos se resuelven mediante normas y argumentaciones que a menudo resultan inasequibles para la ciudadanía, lo cual provoca que numerosos problemas de naturaleza política se despachen bajo la opacidad de una indescifrable maraña de tecnicismos.

Esta colusión entre lo político y lo jurídico dista de ser un accidente coyuntural. De hecho, probablemente, es el síntoma de un cambio de paradigma para el que necesitamos nuevos marcos mentales e institucionales. El bloqueo del Consejo General del Poder Judicial es un buen ejemplo: se ha convertido en una patología crónica que se manifiesta una y otra vez, y lo seguirá haciendo mientras no reformemos en profundidad sus mecanismos de elección. Precisamente, porque todo lo anterior se ha convertido en algo estructural, se ha acuñado una expresión que cada vez se escucha más en el debate político: *lawfare*. El *lawfare* consistiría en ese fenómeno por el cual el derecho coloniza la política, habilitando una tercera cámara en la que se prolonga la guerra entre las diversas facciones electorales, solo que tras las bambalinas de los tribunales y al amparo de la oscura jerga legal. Es una tendencia que erosiona enormemente la democracia, frente a la que se suele elevar el mantra de que debemos restablecer la separación de poderes, como si ésta fuera un bálsamo infalible. Sin embargo, es una respuesta débil y acrítica, porque no dice nada sobre cómo institucionalizarla de manera eficaz y, sobre todo, porque se asienta en una visión idílica del pasado: la separación de poderes jamás existió en la realidad y adolece de una pobre comprensión respecto a cómo funciona el poder en las sociedades humanas (Clavero, 2007). Veámoslo con un poco de perspectiva histórica.

La separación de poderes jamás existió en la realidad y adolece de una pobre comprensión respecto a cómo funciona el poder

Lawfare: algo de contexto histórico

Hay un célebre caso de *lawfare* que resulta iluminador: cuando los revolucionarios franceses tomaron la Bastilla y pusieron en marcha la batería de reformas que era necesario acometer para transformar la sociedad del Antiguo Régimen, la judicatura se dedicó a inaplicar sistemáticamente la legalidad revolucionaria. Al mismo tiempo, la intelectualidad conservadora desarrolló una distinción que hoy es familiar para cualquier jurista: una cosa es la ley y otra cosa es el derecho. Mientras que la ley es el producto de las asambleas legislativas (y, por tanto, cuenta con legitimidad democrática directa), el derecho es aquello que los especialistas determinan como tal, utilizando la ley como uno de sus ingredientes, pero completándola con las doctrinas de los jurisconsultos o con la jurisprudencia de los tribunales. Según esta idea, los juristas tenían la potestad de interpretar la voluntad popular, plasmada en las leyes emanadas por el parlamento, de acuerdo con criterios técnicos que a menudo servían para atenuar o desfigurar el contenido de las leyes.

Ante este proceso de sabotaje, los revolucionarios inventaron el sistema de *casación* -del francés *casser*, romper- que preveía la posibilidad de que la asamblea legislativa *casase*, es decir, rompiese, aquellas sentencias de los tribunales que incurrieran en interpretaciones contrarias a la nueva legalidad (Calamandrei, 1920). Era una forma violenta de irrumpir en el quehacer jurisdiccional, con el objetivo de embridar a una judicatura que, heredera del absolutismo, estaba torpedeando las reformas sociales bajo el manto de su presunta autoridad experta. Hoy en día la casación funciona de manera muy distinta, al menos en España: es una tarea que compete al Tribunal Supremo y que consiste en el poder de *deshacer* aquellas sentencias dictadas por los tribunales inferiores, siempre que éstos hayan aplicado incorrectamente el derecho (es decir, no se vuelve a celebrar un juicio, sino que solo se valora si las normas han sido bien manejadas). No obstante, hay quien sostiene, con buenas razones, que sería deseable restablecer la técnica de la *deferencia al legislativo*, a saber, la posibilidad de que, en determinadas situaciones, los altos tribunales reenvíen las cuestiones políticamente sensibles a los parlamentos, para que sean éstos, y no las y los jueces, quienes tomen la decisión correspondiente.

Pero volvamos al recorrido histórico. Un caso parecido de *lawfare* sucedió en Estados Unidos en los años treinta del siglo XX. En el marco del *New Deal* emprendido por el presidente Franklin D. Roosevelt tras los estragos del *Crack* de 1929, buena parte de las medidas sociales impulsadas por el gobierno fueron reiteradamente bloqueadas por la Corte Suprema, con el pretexto de que tales medidas violaban principios constitucionales como la separación de poderes, el derecho de propiedad o la libertad contractual. La tensión entre la Corte y el Gobierno propició que Roosevelt intentara modificar la composición del tribunal mediante una reforma que no alcanzó apoyos suficientes. Tras algunos años de conflicto, el equilibrio de tendencias ideológicas de la Corte se reorientó de forma natural, como consecuencia de la renovación de algunos magistrados, por lo que la legislación del *New Deal* logró salir adelante. Sin embargo, es una buena muestra de la enorme influencia que puede alcanzar la *oligarquía judicial* -una expresión que se atribuye a Thomas Jefferson- y de las profundas raíces históricas del *lawfare*.

El remedio que se invoca para conjurar estos *males*, que parecen replicarse una y otra vez, suele ser la separación de poderes. Sin embargo, ésta es una idea que se apoya en una visión insostenible del derecho. Originalmente, la doctrina de la separación de poderes se formuló en el marco de una concepción jurídica mecanicista, es decir, que empleaba la metáfora de la máquina para describir el funcionamiento del derecho. Según esta analogía, que suele concretarse en la imagen de los *pesos y contrapesos*, el derecho opera como una máquina bien engrasada, recibiendo *inputs* de la realidad -acusaciones, demandas, recursos- que son procesados a través de un complejo engranaje de procedimientos y que finaliza con la emisión de un *output*, generalmente una sentencia. No por casualidad, es una metáfora que se popularizó durante la Revolución industrial, una época dominada por el imaginario de la técnica y embelesada con el sueño de la maquinización. Si se puede mecanizar la producción, ¿por qué no también el derecho? El culmen de esta quimera tuvo lugar en la Francia decimonónica, tras la aprobación del código de Napoleón. La conocida como *escuela de la exégesis*, que fue hegemónica a lo largo del siglo XIX, propugnaba la idea de que las y los jueces son meros operarios, necesarios para hacer funcionar la maquinaria jurídica, pero políticamente asépticos: el legislador, titular del poder político, crea normas, mientras que el o la juez, poseedor de conocimientos técnicos, las aplica.

Esta es una concepción irreal del derecho. Se asienta en una metáfora comprensible por el momento en que surgió, pero decididamente falsa cuando examinamos cómo se desenvuelve el derecho en la práctica. Y, sin embargo, esa idea del *piloto automático* -el derecho como máquina que opera de forma independiente- es la única bajo la cual tiene sentido la teoría de la separación de poderes: un modelo ideal (casi mitológico) en el que unos *crean* normas y otros las *aplican*, en el que los políticos *producen* leyes y las y los jueces las *ejecutan* (Grossi, 2003). Habrá quien tenga la tentación de pensar que el modelo no funciona, pero que podría funcionar si diseñáramos adecuadamente la máquina. Sin embargo, es una tentación ingenua que pasa por alto demasiadas cosas. Primero, que quienes interpretan el derecho no son poleas ni engranajes, sino humanos, y que no es posible ni deseable que se comporten como si lo fueran: los jueces y juezas tienen conciencia y es bueno que así sea, incluso aunque eso implique algún que otro sesgo a la hora de juzgar. Segundo, que las normas están hechas de lenguaje, y el lenguaje suele ser ambiguo e impreciso, por lo que está sujeto a lecturas diversas, dependiendo de las personas y los hechos en juego. Tercero, que la realidad es cambiante, compleja e inesperada y, por tanto, exige que las reglas generales se adapten a las circunstancias particulares.

En definitiva, la idea mecanicista del derecho solo podría tener éxito en un sistema jurídico robotizado e inhumano que pocos estarían dispuestos a secundar. El problema radica en que si rechazamos dicha concepción, la separación de poderes también se tambalea. De hecho, más allá de las ingenuidades que acabo de subrayar, el principal engaño en el que incurren las apelaciones simplonas a la separación de poderes reside en algo implícito en la expresión: que el poder judicial es precisamente eso, un *poder*, o sea, una organización social revestida de autoridad, que se apoya en un entramado robusto de redes políticas y económicas, que tiene raíces históricas profundas y que, como todo poder, tiende a ejercerse de forma expansiva. En ese sentido, las invocaciones vacías a la separación de poderes pecan de idealismo en el peor de sus significados: negación de la realidad y huida a la abstracción. Por eso me parece preferible adoptar una visión materialista: el poder es consustancial a las sociedades humanas y lo único que podemos hacer es distribuirlo, canalizarlo y contenerlo mediante diversos dispositivos. Ahora bien, ¿qué estrategias se han seguido hasta ahora? ¿Podremos ensayar otras nuevas?

Viejas estrategias frente al gobierno de los juristas

La primera estrategia que podríamos rastrear en la historia reciente es, en realidad, una profundización del modelo del *piloto automático*: si el problema del derecho estriba en que el lenguaje es ambiguo e impreciso, en su indeterminación y su vaguedad, o en la potencial subjetividad de quienes lo manejan, lo que habría que hacer es radicalizar su carácter científico. Para conseguir que el derecho opere en verdad como una máquina, es necesario construir una *ciencia* jurídica sólida, que esté apoyada en un método equiparable al de la física o la química, mediante el que los jueces y juezas puedan argumentar sus sentencias sin margen de duda o discrecionalidad. Pero esto solo es realizable si diseñamos un metalenguaje desconectado del lenguaje común, libre de dobles sentidos y tecnificado desde los pies a la cabeza. El problema es que eso implicaría un derecho incomprensible para quien no tuviera conocimientos altamente especializados, es decir, algo aún más hermético de lo que ya es en la actualidad. Y eso, lamentablemente, es incompatible con la pretensión del derecho de orientar la conducta de la población a quien se dirige: ¿cómo podríamos comportarnos conforme a normas que ni siquiera somos capaces de entender? Se trata, entonces, de una estrategia fallida, que se ha tratado de recorrer en diversos momentos históricos y que, como quizá puede intuirse, es la causante de que la prosa legal sea tan impenetrable. De hecho, el propósito de generar un metalenguaje jurídico libre de contradicciones se puso parcialmente en práctica en el código civil alemán de 1900, lo cual motivó críticas encendidas por parte de algunos juristas socialistas y comunitaristas como Anton Menger u Otto vonGierke (Menger, 1998; Gierke, 1889).

Una vez superada la fiebre cientificista característica del siglo XIX, los juristas del XX trataron de explorar nuevas fórmulas para sujetar la arbitrariedad de jueces y tribunales. Desengañadas respecto a la posibilidad de erigir una ciencia jurídica infalible, las doctrinas del método se reorientaron en un sentido algo más modesto: aunque no sea posible ni deseable diseñar una *ciencia* del derecho sin fisuras, quizá sí podamos elaborar *técnicas* argumentativas lo suficientemente refinadas como para contener la subjetividad de los intérpretes del derecho. Si obligamos a los jueces y juezas a justificar sus decisiones mediante pasos argumentativos claros y ordenados, utilizando reglas de ponderación bien destiladas por una filosofía del derecho implicada en la mejora del desempeño judicial, entonces quizá sí se pueda neutralizar el sesgo de los magistrados (Atienza, 2018). A fin de cuentas, presuponen estas tesis, si una decisión viene respaldada por una cadena de razonamientos que se hacen explícitos, los ciudadanos y ciudadanas podremos valorar si se han cometido errores o atropellos dignos de impugnación. Esta estrategia tiene muchas ventajas frente al embeleso cientificista del siglo XIX: rechaza la mitología mecanicista y acepta que el derecho es una práctica argumentativa abierta a razones, pero cifra todas sus esperanzas en una élite judicial de la que se espera un comportamiento *técnicamente* virtuoso y en la forja de una *cultura* jurídica que sirva de sostén a dicha práctica. En definitiva: se sustituye la creencia megalómana en la *ciencia* del derecho por una defensa moderada de la *técnica* jurídica, pero no se renuncia a la idea del derecho como ámbito experto y se mantiene la fe en que la solución frente a la arbitrariedad radica en el cultivo de buenos profesionales.

Una derivada del modelo anterior tiene que ver con algo que ya he mencionado de pasada: además de buenos técnicos y técnicas del derecho, necesitaríamos buenos ciudadanos y ciudadanas, conocedores de la Constitución, de las normas y los principios jurídicos esenciales, capaces de desentrañar los arcanos de algunas argumentaciones jurídicas básicas, y activos en la reivindicación de sus derechos. Juezas y jueces ilustrados y ciudadanía ilustrada: he ahí la fórmula para una arquitectura institucional bien trabada, en la que la separación de poderes funcione de una vez por todas. No tanto porque sea posible distribuir el poder como quien diseña una caja de levas, sino porque las y los intérpretes del derecho y la ciudadanía en su conjunto formarían parte de una virtuosa comunidad argumentativa que construye una cultura jurídica mediante el diálogo. Frente al sueño positivista de la ciencia como faro del progreso, y frente al sucedáneo post-positivista de la técnica, tenemos aquí una reedición del viejo proyecto del humanismo: la cultura como tabla de salvación. Todas las apelaciones a la educación para la ciudadanía son hijas de esta lectura: del mismo modo que aprendemos a multiplicar y sabemos que una célula tiene membrana, citoplasma y núcleo, deberíamos tener rudimentos sobre lo que es un recurso de amparo o el significado de la irretroactividad. El problema de esta estrategia, que no es rechazable en sí misma, es que desprende ese aroma paternalista característico de la Ilustración: difundamos la cultura desde arriba hacia abajo; instruyamos al pueblo para que el pueblo participe; eduquemos al pueblo, pero sin el pueblo. Además, tiene el inconveniente de que no cuestiona los contenidos y los métodos que deba tener dicha educación, ni se hace cargo de las bases materiales necesarias para que semejante modelo prospere. De poco sirven la educación y la cultura si no vienen acompañadas de transformaciones económicas y sociales que nos orienten a sociedades más justas, en las que todas las personas puedan acceder a ellas en igualdad de condiciones.

Tenemos, por tanto, varios diagnósticos distintos, cada uno de los cuales pone el acento en una herramienta para amortiguar la subjetividad judicial: la ciencia, la técnica y la cultura. Ante el fracaso de todas esas estrategias, algunas aproximaciones han tendido a asumir que el problema no tiene solución y que no queda más remedio que aceptar la cruda realidad: el derecho está irremediablemente entreverado por la política. Según este enfoque, la técnica jurídica no sería sino un bonito nombre para encubrir lo que de verdad ocurre en la práctica: que las y los jueces toman decisiones basándose en su propia ideología o en su pertenencia a uno u otro grupo de presión (Cárcova, 2006). Esta reducción de lo jurídico a lo político implicaría que el derecho no puede ser una esfera autónoma y que, por consiguiente, la profesionalización es un vil engaño que hace pasar por técnica lo que no es más que pura ideología. Así pues, si el derecho está subordinado a la política, los mecanismos de elección de jueces y magistrados deberían politizarse sin tapujos. Si la separación de poderes es una ficción imposible de cumplir, si el derecho es una mera cortina de humo, sometámoslo a procedimientos políticos que garanticen la transparencia en la elección de las altas magistraturas y que nos permitan conocer la ideología de sus integrantes. Además, no sería descabellado instaurar mecanismos para asegurar la legitimidad democrática del Tribunal Constitucional: como ya se ha hecho en algún país, podíamos implantar la elección de las y los jueces constitucionales mediante sufragio.

Coincido sustancialmente con esta última posición, al menos en el diagnóstico: el derecho es irremediablemente político, tanto en su forma como en su contenido. Sin embargo, la madre del cordero estriba en qué es lo que debemos entender por *político*. Estamos habituados a entender la política como eso que se hace en las instituciones formales del Estado -parlamentos, gobiernos, ministerios- y que se organiza a través de los partidos políticos. De forma correlativa, solemos pensar que la ideología tiene que ver con la filiación al ideario de esos mismos partidos -de izquierdas o de derechas- y tendemos a reducir la participación política al hecho de votar en las sucesivas convocatorias electorales. Ésta es una forma enormemente reduccionista de ver las cosas. Primero, porque la política abarca muchos más ámbitos que los del espacio institucional formal: las resoluciones que toman las directivas y las AFA de los colegios, la forma en la que criamos a nuestros hijos e hijas, el modo en el que consumimos bienes y servicios, los usos de contratación de las empresas... Todas esas son acciones y decisiones políticas. Segundo, porque la ideología es mucho más compleja que la bipartición derecha/izquierda y no se limita a las opciones que defienden coyunturalmente los partidos. Y tercero, porque la participación política no necesariamente tiene que darse a través del voto, sino que puede realizarse en muchos otros foros y mediante muchos otros canales.

En ese sentido, que el derecho sea político es algo más complejo que decir que tal norma, tal procedimiento, tal sentencia o tal magistrado son del PSOE o del PP. Del mismo modo, decir que el derecho debe politizarse es algo más sofisticado que reducir los mecanismos de elección a las reglas de la política electoral. Si así lo hiciéramos, no ganaríamos demasiado, porque condenaríamos al poder judicial a las mismas miserias y servidumbres del circo político-mediático: faccionalismo, corrupción, populismo, y un largo etcétera de disfunciones que todos conocemos. Cuando Pedro Sánchez buscó el apoyo de la ciudadanía para contrarrestar el caso de *lawfare* sufrido por su mujer -después de amenazar con dimitir-, no hizo sino buscar adhesiones emocionales a su persona. Ésta es una estrategia populista que únicamente apela al pueblo -entendido como masa- para pedirle que legitime a un líder o un partido, y no es la politización que debemos defender. El derecho es inevitablemente político, sin duda, y ni la ciencia ni la técnica ni la cultura nos van a salvar de ello. Pero eso no debe arrastrarnos a una politización entendida como partidización según los cauces tradicionales. Politizar el derecho debe significar, al contrario, democratizar en profundidad la administración de justicia. No es una tarea sencilla, pero trataré de señalar algunas posibles rutas.

Politizar el derecho debe significar, al contrario, democratizar en profundidad la administración de justicia

Ideas para democratizar el derecho

Que el derecho sea autónomo es algo saludable. Gracias a que el derecho se independizó de la religión, por ejemplo, fue posible diferenciar entre delito y pecado. También gracias a que existe una esfera jurídica autónoma de la política, se pudo encarrilar a la administración pública dentro de los cauces de un procedimiento que, pese a todas sus deficiencias, atenúa la arbitrariedad del aparato burocrático del Estado. Podríamos dar muchos ejemplos que muestran las ventajas de tener un ámbito jurídico diferenciado de la política. Por resumirlo en una única idea, lo interesante del derecho es que el razonamiento jurídico se apoya en reglas, en criterios y en principios establecidos previamente, conforme a los cuales deben tomarse las decisiones. Esos criterios sirven como dique de contención frente a la injusticia (Atria, 2016).

Ocurre lo mismo en todo proceso guiado por normas. Por ejemplo, si yo elaboro una rúbrica de corrección de un examen y se la proporciono a los estudiantes, les doy a ellos una cierta seguridad, pero al mismo tiempo me autolimito como evaluador: las posibles tentaciones de valorar de forma especialmente negativa se ven constreñidas por los criterios y los rangos de puntuación que he definido con anterioridad. Además, si dejo establecidas algunas pautas a las que poder agarrarme en caso de duda, mi decisión descansará en reglas que van más allá de la pura venialidad de un momento puntual. Por seguir con el mismo ejemplo, si yo he definido un principio que podríamos denominar *ante la duda, a favor del estudiante*, entonces no tengo que deliberar en cada caso, sino que me basta con adoptar la resolución favorable para el alumno en todas las situaciones semejantes. Eso garantiza una cierta consistencia en mis decisiones y limita el carácter potencialmente errático de mis juicios.

Desde ese punto de vista, la idea del imperio de la ley es una utopía digna de respeto: el objetivo es tratar de generar pautas y decisiones racionales e igualitarias. Cualquier estudiante de derecho habrá sentido alguna vez una sensación de grandiosidad, e incluso de belleza, al contemplar ese imponente edificio de normas, órganos y procedimientos cuidadosamente diseñado para alcanzar tales fines. Sin embargo, es importante no sucumbir a la ilusión: con frecuencia, toda esa teoría queda empañada porque las reglas deben ser interpretadas por personas reales y en contextos heterogéneos. Por eso, más que tener fe en la profesionalidad de un grupo de expertos –las y los juristas–, la clave está en democratizar el derecho hasta donde sea posible. Esto no solo significa mayor transparencia o un lenguaje jurídico más cercano, sino también la creación de instituciones que permitan a la ciudadanía participar en el proceso y tomar decisiones. Dicho de otra manera: si el *piloto automático* no funciona, y si los pilotos manuales no siempre son de fiar, entonces debemos vigilarlos activamente, alfabetizándonos en cuestiones legales, por supuesto, pero también colocándonos junto a ellos en la cabina.

Más que tener fe en la profesionalidad de un grupo de expertos –las y los juristas–, la clave está en democratizar el derecho hasta donde sea posible

Nosotros somos hijos de una cultura jurídica, la romana, basada en la tecnificación y la especialización. Sin embargo, dentro de Occidente existieron otras tradiciones, como la ateniense, que desarrolló un sistema institucional en el que la barrera entre política y derecho era porosa (Capella, 2008). Eso explica que algunos procesos de índole jurídica se celebraran de forma asamblearia, ante instancias integradas por centenares de personas (frente a los tribunales actuales, que rara vez tienen más de una docena de jueces o juezas). Cuando condenaron a Sócrates ante una audiencia multitudinaria, no fue porque el pueblo enardecido se hubiera tomado la justicia por su mano y hubiese decidido linchar a un pobre filósofo, sino que se celebró un proceso con arreglo a la normativa vigente. Eso implicaba juzgar al acusado –quien, por cierto, era un firme antidemócrata– ante un tribunal-asamblea compuesto por cientos de ciudadanos. Esto quizá nos suene un poco escandaloso, porque hemos sido educados en una cultura jurídica expertocrática, según la cual el derecho debe ser aplicado por cuerpos de especialistas (Schiavone, 2009). Pero los atenienses no eran precisamente salvajes: estamos hablando de los mismos griegos que dieron origen a la filosofía, a la democracia o a la geometría.

Esto no quiere decir que debamos regresar a aquella forma de organizar las cosas, pero sí es un contrapunto útil para hacernos conscientes de que existen otros modos de comprender el derecho. Puede servir, además, como fuente de inspiración para adoptar instituciones jurídicas más democráticas. En mi opinión, la idea no sería diluir la normatividad del derecho para arrojarnos al voluntarismo desnudo de la política, sino inocular las instancias de decisión jurídica mediante canales de participación popular. En otras palabras: frente a la colonización de la política por parte del derecho –que es lo que está pasando con el *lawfare*– y frente a la estrategia inversa de colonizar lo jurídico mediante lo político, de lo que se trataría es de democratizar al máximo la praxis del derecho. Eso implicaría una reforma en profundidad del proceso y de la organización judicial. Al mismo tiempo, habría que simplificar algunos elementos de la cultura institucional que se han tecnificado por encima de lo necesario, para aminorar esa brecha entre derecho y ciudadanía que entorpece el acceso de la mayoría a los asuntos jurídicos: lenguaje más accesible, racionalización de procesos burocráticos, reforma de la educación jurídica, mayor transparencia en las actuaciones de la administración pública, etcétera.

Se trata de una tarea monumental para la que no existen recetas únicas ni seguras, porque, entre otras cosas, hace falta un cambio de mentalidad copernicano. Pensemos en algo que me parece significativo. Cuando caemos enfermos, podemos acudir al centro de salud de nuestro barrio para que nos atiendan. Cuando necesitamos escolarizar a nuestros hijos e hijas, los llevamos al colegio público que, casi con toda seguridad, se encontrará cerca de nuestro domicilio. Sin embargo, cuando tenemos un problema legal no contamos con consultorios jurídicos de barrio, ni podemos solicitar asistencia letrada de manera gratuita: solo en algunas circunstancias, y siempre que nuestra situación económica sea muy precaria, podremos solicitar un abogado o abogada de oficio. Esto nos resulta natural, pero no tendría por qué serlo. Si el derecho a la tutela judicial efectiva está consagrado en la Constitución como uno de los más elementales, ¿por qué no existen centros jurídicos de barrio a los que poder recurrir cuando me veo obligado a defenderme mediante el derecho o cuando sencillamente necesito asesoría legal? ¿Por qué el derecho está siempre tan lejos? Creo que no es algo casual, sino que se debe, precisamente, a esa mentalidad según la cual el derecho no pertenece al pueblo, sino a los juristas.

La idea de los consultorios jurídicos de barrio puede sonar peregrina, pero no es ninguna tontería. Ni siquiera se trataría de inventar algo nuevo, sino de radicalizar y profundizar los dispositivos que ya existen en materia de asistencia de oficio. De hecho, es una necesidad que, en algunos países, ha intentado suplirse mediante las *clínicas jurídicas*. Estas son una prestación que llevan a cabo algunas universidades y que consiste en ofrecer servicios jurídicos gratuitos en determinadas áreas, por parte de estudiantes de derecho que, apoyados por algún profesor o profesora, atienden un problema específico. Eso beneficia tanto a las comunidades que reciben el servicio, como al alumnado, que así se forma trabajando en casos reales, y no solo mediante la teoría que recibe en el aula. Sin embargo, las clínicas jurídicas organizadas según este principio están poco extendidas y no son más que un parche minúsculo para un problema de gran envergadura. En cambio, un derecho diseminado a lo largo de todo el territorio mediante consultorios jurídicos contribuiría a socializar el derecho entre la población. Si queremos una ciudadanía ilustrada en asuntos legales, capaz de entablar ese diálogo argumentativo virtuoso al que apelaban algunos de los enfoques ya vistos, no basta con estudiar educación para la ciudadanía, sino que es necesario habilitar vías efectivas de acceso al derecho. Hay cosas que se aprenden practicándolas. La cocina y la escritura son dos ejemplos evidentes, pero ocurre lo mismo con el trabajo institucional: para aprender a deliberar, hay que deliberar; para aprender qué son los derechos, hay que tenerlos a mano y ejercerlos.

Ahora bien, la democratización del derecho no solo debería implicar la diseminación en el acceso, sino también en la toma de decisiones. Hay asuntos para los que se requieren conocimientos expertos, pero hay muchos otros en los que no. Hay, por otro lado, servicios técnicos que pueden brindarse mediante personal especializado, al mismo tiempo que las decisiones se adoptan por tribunales formados por ciudadanos y ciudadanas, o bien con composición mixta junto a juristas. Esto vale especialmente para las altas instancias de la judicatura, en las que el cariz político de las resoluciones suele predominar sobre la dimensión jurídica, pero también puede plantearse en determinadas áreas especialmente sensibles: tribunales medioambientales, laborales, de consumo... Pensemos en la institución del jurado popular. Suele ser objeto de discusión y suscita opiniones acaloradas. En mi opinión, es una fórmula que puede generalizarse más allá del proceso penal, pero en el marco de un sistema que cuente con muchos otros dispositivos de índole democrática: para que funcione bien, es necesario que exista un entramado social en el que la participación sea algo corriente, no una excepción aislada y desconectada del funcionamiento del resto del poder judicial.

En cualquier caso, las fórmulas para democratizar el derecho son múltiples. Si la idea de instituciones jurisdiccionales compuestas por juristas y profanos no nos convence, siempre pueden probarse otras alternativas. Una estrategia que ya se está ensayando en algunos países, y que debería profundizarse, consiste en abrir el proceso judicial a la participación de la ciudadanía. Esto se está haciendo mediante *audiencias públicas* y *amicus curiae*, es decir, espacios dentro del litigio en los que cualquier ciudadano o ciudadana, aun sin ser parte del pleito, puede acudir a manifestar su opinión sobre el caso (Gargarella, 2022). Tampoco es algo tan extraño: las sucesivas reformas de nuestras leyes procesales han tendido a restringir las situaciones en las que puede ejercerse la acusación popular. Se trataría de revertir esa tendencia y fortalecer dicha institución, ensanchándola más allá del área penal, simplificando su ejercicio y diseñando mecanismos para que no sea monopolizada por los partidos. Y, si nada de lo anterior nos seduce, otra senda practicable consistiría en algo que ya se mencionó más arriba: recuperar la deferencia al poder legislativo, esto es, la posibilidad de que las altas cortes reenvíen los asuntos políticamente controvertidos a las asambleas legislativas, para que sean éstas quienes tomen la decisión, o para que éstas, al menos, emitan un parecer al respecto (Linares, 2005).

Última propuesta y conclusión

La última propuesta que me gustaría sugerir es heredera directa de la antigua Grecia y ha sido reivindicada por muchas teorías en los últimos años, al menos en relación con la democracia política: el sorteo (Moreno Pestaña, 2017). Aplicado a la organización judicial, la idea consistiría en nombrar a las y los jueces de las altas magistraturas mediante sorteo. Es una solución relativamente sencilla que podría evitar las reyertas y los cambalaches entre partidos políticos a la hora de designar a los integrantes del Tribunal Constitucional o del Consejo General del Poder Judicial, entre otros órganos que podrían mencionarse. Pero lo más importante, a mi modo de ver, tiene que ver con las vías de acceso a la profesión judicial. Si instituimos el azar como forma de designación, pero el plantel de magistrados sorteables es abrumadoramente conservador, de poco nos va a servir el cambio. Para tener una judicatura independiente de servidumbres a las élites políticas y económicas, que sea sensible a la precariedad en las que viven tantos sectores de la población, que juzgue la realidad con una mirada crítica, necesitamos una reforma de fuerte calado en los mecanismos de ingreso a la carrera. Nos hacen falta jueces y juezas que procedan de los grupos subalternos, que sean migrantes, personas racializadas, de género no binario, de baja clase social. En una palabra, que conozcan los márgenes del sistema.

Nos hacen falta jueces y juezas que procedan de los grupos subalternos, que sean migrantes, personas racializadas, de género no binario, de baja clase social

Solo de ese modo, me parece, lograremos tener una administración de justicia que sea consciente de los múltiples vectores de opresión que atraviesan nuestra sociedad y que, por ende, sea representativa de la heterogeneidad que la caracteriza. Solo así, además, puede configurarse una carrera judicial más equilibrada, en la que sus integrantes no provengan mayoritariamente de las élites. ¿Y cómo puede romperse esa rueda? Me temo que aquí no existen soluciones mágicas: no hay dispositivos institucionales precisos que puedan conseguir semejante cosa, porque la clave radica en construir una sociedad más igualitaria. Para tener una administración de justicia sin sesgos de clase, de raza o de género –entre otros– necesitamos una organización social en la que tales sesgos no existan. Por lo tanto, la democratización de la justicia no es un proyecto aislado de otras reivindicaciones políticas, sino que debe caminar junto a ellas. Esta es una lección importante para los movimientos de izquierda. Debemos introducir la lucha por un derecho más democrático junto a otras exigencias, porque de ella dependen todas las demás: si logramos cambiar leyes o reglamentos, pero los intérpretes de tales transformaciones reman en su contra, es muy probable que acaben neutralizándolas.

Por eso mismo, aunque una justicia más democrática dependa de una sociedad más igualitaria, y aunque una judicatura más plural solo pueda darse en contextos menos inicuos, no debemos postergar la reforma de la organización judicial hasta que sucedan tales cosas. Por supuesto, el *statu quo* no puede cambiarse de un plumazo y siempre habrá aspectos en los que el margen de mejora sea estrecho, pero hay muchas cosas que ya se pueden poner en marcha. Si, como dijo Pedro Sánchez en su triunfal comparecencia, estamos ante un antes y un después en relación con el *lawfare*, entonces hay que introducir reformas. No basta con escribir cartas muy sentidas a la ciudadanía, ni con pedir el apoyo popular o con hacer referencias vacías a una política menos encarnizada. La democratización del derecho no se va a conquistar con amor, sino posicionando el problema en la agenda social, movilizándonos contra los atropellos judiciales y estableciendo nuevos arreglos institucionales. En las páginas anteriores se han sugerido algunas rutas, pero existen muchas otras que pueden ensayarse. La idea que debería guiar este proceso es tan sencilla de formular como difícil de acometer: el derecho no es una herramienta que haya que poner en manos de un grupo de expertos, sino un *bien común* que nos pertenece a todos. Ejercerlo colectiva y democráticamente es una exigencia que no podemos aplazar.

Luis Lloredo Alix es profesor de Filosofía del Derecho
de la Universidad Autónoma de Madrid

Referencias

Atienza, Manuel (2018) *Filosofía del derecho y transformación social,* Madrid: Trotta.

Atria, Fernando (2016) *La forma del derecho,* Madrid-Barcelona-Buenos Aires: Marcial Pons.

Calamandrei, Piero (1920) *La cassazione civile. Storia e legislazioni,* Torino: Fratelli Bocca.

Capella, Juan Ramón (2008) *Fruta prohibida. Una aproximación histórico-teorética al estudio del derecho y del estado,* Madrid: Trotta.

Cárcova, Carlos María (2006) *La opacidad del derecho,* Madrid: Trotta.

Clavero, Bartolomé (2007) *El orden de los poderes. Historias constituyentes de la Trinidad Constitucional,* Madrid: Trotta.

Gargarella, Roberto (2022) *El derecho como una conversación entre iguales. Qué hacer para que las democracias contemporáneas se abran –por fin– al diálogo ciudadano,* Buenos Aires: Siglo XXI.

Gierke, Otto von (1889) *Der Entwurfeines bürgerlichen Gesetzbuchsund das deutsch eRecht,* Leipzig: Duncker &Humblot.

Grossi, Paolo (2003) *Mitología jurídica de la modernidad,* Madrid: Trotta.

Jiménez Villarejo, Carlos y Doñate Martín, Antonio (2012) *Jueces, pero parciales. La pervivencia del franquismo en el poder judicial,* pról. de Josep Fontana, Barcelona: Pasado & Presente.

Kennedy, Duncan (2012) *La enseñanza del derecho como forma de acción política,* pról. de Roberto Gargarella, Buenos Aires: Siglo XXI.

Linares, Sebastián (2005) “Modelos de justicia constitucional y deferencia al poder legislativo”, *Revista argentina de teoría jurídica,* vol. 6, pp. 70-143.

Moreno Pestaña, José Luis (2017) “Los desafíos del sorteo a la democracia, los desafíos de la democracia al sorteo”, *Daimon. Revista internacional de filosofía,* 72, pp. 7-21.

Menger, Anton (1998) *El derecho civil y los pobres,* ed. de José Luis Monereo, Granada: Comares.

Nieto, Alejandro (2004) *El desgobierno judicial,* Madrid: Trotta.

Schiavone, Aldo (2009) *Ius. La invención del derecho en Occidente,* Buenos Aires: Adriana Hidalgo.

Derecho Internacional y *excepcionalismo* israelí: la quiebra del Derecho Internacional en Palestina

Nada Awad

■ El genocidio que los y las palestinas afrontan en Gaza está haciendo recordar al mundo que los 76 años de Nakba **1/** no son una reminiscencia del pasado, sino la realidad del pueblo palestino, que sigue enfrentándose a crímenes atroces mientras Israel continúa gozando de impunidad. La Nakba o Catástrofe es el término que se utiliza para referirse al proceso de traslado forzoso y desposesión de alrededor del 85% del pueblo palestino indígena ejecutado por fuerzas sionistas y, posteriormente, por el Estado de Israel entre 1947 y 1949. Los pensadores sionistas teorizaron desde principios del siglo XX que el traslado forzoso de la población indígena palestina **2/** constituía el único medio para crear un Estado judío en Palestina. El movimiento [sionista] aplicó un enfoque colonial de asentamiento cuyo objetivo fue sustituir al pueblo palestino por colonos judíos siguiendo una "lógica de eliminación" de la población, lo "que implica la desposesión continuada de la tierra y la negación de la soberanía indígena" **3/**.

El Mandato Británico para Palestina (1922-1948) proporcionó un terreno abonado para el desarrollo del colonialismo de asentamiento sionista al adoptar políticas que permitieron "modificar la composición demográfica de Palestina", "transferir el uso y la propiedad de sus tierras" al movimiento sionista y "respaldar a las milicias" e instituciones sionistas **4/**. En 1947, la Asamblea General de Naciones Unidas, desatendiendo la realidad sobre el terreno -en el que dos tercios de la población era palestina- concedió al futuro Estado de Israel el 56% de la Palestina histórica a pesar de que la población judía poseía menos del 7% del territorio. La partición violó normas fundamentales del derecho internacional y dio lugar a la comisión de crímenes contra el pueblo palestino. Según Walid Khalidi,

"en realidad, lo que Naciones Unidas vino a decir al Yishuv (el movimiento de colonos sionistas en Palestina previo a la creación del Estado] fue: id y tomad por la fuerza esos 13,3 millones de *dunums* [un *dunum*=mil m^2],

1/ Véase BADIL: https://www.badil.org/press-releases/14941.html

2/ "Entre nosotros debe quedar claro que no hay sitio para los dos pueblos juntos en este país. (...) No lograremos nuestro objetivo de ser un pueblo independiente con los árabes en este pequeño país. (...) No hay otro camino que trasladar a los árabes de aquí a los países vecinos; trasladarlos a todos; no debe quedar ni un solo pueblo, ni una sola tribu". [1940]. Citado en BADIL, "Survey of Palestinian Refugees and Internally Displaced Persons 2019-2021": https://www.badil.org/cached_uploads/view/2022/10/31/survey2021-eng-1667209836.pdf

3/ Véase el Informe de Al Haq, sección 3: "La ideología sionista y las raíces del *apartheid* israelí", https://www.alhaq.org/advocacy/20931.html

4/ Véase BADIL: "Encuesta sobre personas refugiadas y desplazadas internas palestinas 2019-2021": https://www.badil.org/cached_uploads/view/2022/10/31/survey2021-eng-1667209836.pdf

que no son vuestros, a sus propietarios: a la población mayoritariamente agrícola que vive y obtiene su sustento en esas tierras" **5/**.

Y añadía que

"esencialmente, lo que hizo la Resolución de Partición (de la Asamblea General) fue dar a las fuerzas militares del Yishuv, en plena movilización, una coartada para establecer el nuevo Estado judío por la fuerza de las armas bajo el pretexto de cumplir con la voluntad internacional" **6/**.

El movimiento sionista y sus dirigentes, desconfiando de la realidad demográfica y de la distribución de la propiedad de la tierra **7/**, elaboraron proyectos que culminaron con el Plan Dalet de 1947, que postulaba la expulsión sistemática y total o la limpieza étnica del pueblo palestino **8/**. Bajo las directrices del plan, las milicias sionistas, y las posteriores fuerzas militares israelíes, cometieron al menos 70 masacres, destruyeron cientos de pueblos y ciudades expulsando a su población **9/** y construyeron el Estado de Israel sobre los escombros del 78% de la Palestina del mandato.

El movimiento sionista y sus dirigentes elaboraron proyectos que culminaron con el Plan Dalet de 1947, que postulaba la expulsión sistemática y total o la limpieza étnica del pueblo palestino

En este mes de mayo conmemoramos la Nakba y asistimos a un genocidio televisado, pero las masacres que tuvieron lugar en la década de 1940 no tienen nada de históricas. La documentación sobre la población rural palestina torturada, violada, atada, ejecutada y arrojada a fosas comunes **10/** en la década de 1940 halla dolorosos ecos en los testimonios que estamos recibiendo desde Gaza sobre torturas y violencia sexual **11/** en el contexto de la guerra genocida israelí, en la exhumación de fosas comunes en las que "al parecer

5/ Khalid, Walidi (2009) "The Hebrew Reconquista of Palestine: From the 1947 United Nations Partition Resolution to the First Zionist Congress of 1897" 39(1) *Journal of Palestine Studies,* pp. 24, 26.
6/ *Ibid.*
7/ Ben-Gurion, David (1947) "Hay un 40 [%] de no judíos en la zona asignada al Estado judío. Esta composición no es una base sólida para un Estado judío... Semejante equilibrio demográfico cuestiona nuestra capacidad de mantener la soberanía judía... Sólo un Estado con al menos un 80 [%] de judíos es un Estado viable y estable". [3 de diciembre]. Citado en Ilan Pappe: *La limpieza étnica de Palestina*, Barcelona: Crítica, p. 51.
8/ *Ibid.*
9/ BADIL: "Encuesta sobre refugiados y desplazados internos palestinos 2019-2021" https://www.badil.org/cached_uploads/view/2022/10/31/survey2021-eng-667209836.pdf
10/ *Ibid.*
11/ Al Haq: "Voices from Gaza: The experiences of Palestinain Women Amid the Ongoing Genocide", https://www.alhaq.org/advocacy/22778.html y Al Haq: "Palestinian Human Rights Organisations on Israel's Arbitrary Arrests, Enforced Disappearance, Inhumane Treatment, and Torture of Palestinians", https://www.alhaq.org/advocacy/22912.html

han aparecido personas palestinas desnudas y con las manos atadas" **12/**. La Relatora Especial sobre los Territorios Palestinos Ocupados (TPO), Francesca Albanese, advertía en octubre de 2023 de que "hay un grave peligro de que lo que estamos presenciando sea una repetición de la Nakba de 1948 y de la Naksa de 1967, aunque a mayor escala. La comunidad internacional debe hacer todo lo posible para impedir que vuelva a suceder". Y subrayaba que "Israel ya ha llevado a cabo una limpieza étnica generalizada de palestinos y palestinas bajo la niebla de la guerra. (...) Una vez más, en nombre de la autodefensa, Israel pretende justificar lo que sería una limpieza étnica" **13/**.

Hasta la fecha no ha habido rendición de cuentas por los atroces crímenes cometidos en torno a la Nakba ni por los 76 años transcurridos desde entonces. Desde su creación, Israel ha incorporado al Estado el traslado forzoso y la desposesión del pueblo indígena palestino mediante leyes, políticas y prácticas que han institucionalizado su régimen de *apartheid*, y mediante la negación del derecho al retorno de las personas refugiadas palestinas a sus hogares, tierras y propiedades. A lo largo de los años, Israel ha fragmentado al pueblo palestino en categorías de personas que tienen prohibido juntarse, reunirse y ejercer sus derechos colectivos, especialmente su derecho a la autodeterminación y a la soberanía permanente sobre sus recursos **14/**. Los y las palestinas están divididas hoy en día en al menos cinco categorías: 1) personas refugiadas a quienes se niega su derecho al retorno, 2) residentes en Cisjordania, 3) residentes en Gaza, 4) ciudadanas de Israel y 5) residentes en Jerusalén. La fragmentación política, administrativa y geográfica es una de las herramientas principales utilizadas por Israel para imponer y mantener su régimen de *apartheid* sobre el pueblo palestino.

La fragmentación política, administrativa y geográfica es una de las herramientas principales utilizadas por Israel para imponer y mantener su régimen de *apartheid*

La comunidad internacional institucionalizó esta fragmentación al adoptarse en 1993 [los Acuerdos de] Oslo que los y las palestinas percibieron como un *diktat*; fue un proceso que excluyó a las personas refugiadas palestinas residentes fuera de la Palestina histórica y a las que vivían en Israel, lo que supone más de la mitad del pueblo palestino. Este denominado proceso de *construcción de un Estado* palestino mientras se fragmentaba y subyugaba a un pueblo al *apartheid* colonial fue una farsa. Durante el proceso, Israel multiplicó la construcción de asentamientos para asegurarse hechos consumados en el territorio ocupado que supuestamente iba a convertirse en el Estado de Palestina sobre el 22% de la Palestina histórica. En realidad,

12/ https://news.un.org/en/story/2024/04/1148876
13/ https://www.ohchr.org/en/press-releases/2023/10/un-expert-warns-new-instance-mass-ethnic-cleansing-palestinians-calls
14/ Véase el informe de Al Haq: https://www.alhaq.org/advocacy/20931.html

este acuerdo lo orquestó Israel para garantizarse la continuación de su empresa colonizadora sin tener que pagar precio alguno por la ocupación, dado que tal coste lo asumió subsidiariamente la recién creada Autoridad Palestina a cuenta, en su mayor parte, de la comunidad internacional. Ello, a su vez, no sólo significó una ocupación sin costes para Israel, sino también una empresa rentable con la que Israel vendía tecnologías –incluidas militares– con el sello de haber sido probadas sobre una población cautiva.

Sin embargo, la narrativa de un conflicto entre dos entidades en pie de igualdad se ha transformado considerablemente en los últimos años, y cada vez cuestiona más, incluso en el Consejo de Derechos Humanos de Naciones Unidas y sus mecanismos, la absurda delimitación a las fronteras de 1967. En 2019, el Comité para la Eliminación de la Discriminación Racial (CEDR) reconoció la continuidad de la segregación racial de Israel contra los y las palestinas a ambos lados de la Línea Verde **15/** y en 2021, el Comité de Derechos Humanos subrayó la "discriminación sistemática y estructural preexistente contra las personas no judías" **16/**. Esta modificación desde el paradigma de la fragmentación de 1967 –impuesto por Israel– a un reconocimiento de que las políticas coloniales de *apartheid* de Israel son las mismas a ambos lados de la Línea Verde y siguen idénticas políticas y prácticas institucionalizadas de dominación y opresión racial sobre el pueblo palestino en su conjunto, supone un avance importante desde una perspectiva decolonial. Que se reconozca progresivamente el *apartheid* colonial de Israel, también en espacios multilaterales, supone un cambio relevante si se tiene en cuenta que en 2007 la presión ejercida sobre el Secretario General para que retirara el informe de la Comisión Económica y Social de Naciones Unidas para Asia Occidental (CESPAO) redactado por dos expertos independientes, consiguió eliminar dicho informe que analizaba la aplicabilidad del delito de *apartheid* a la situación impuesta por Israel al pueblo palestino a ambos lados de la Línea Verde, así como a los y las refugiadas a las que se niega su derecho al retorno **17/**. En 2022, el anterior Relator Especial sobre los TPO, Michael Lynk, concluyó que es aplicable el marco jurídico del *apartheid* **18/**, y ese mismo año, la actual Relatora Especial sobre los TPO, en su informe sobre el derecho a la autodeterminación del pueblo palestino, señaló que "la realización del derecho inalienable del pueblo palestino a la autodeterminación exige desmantelar

15/ Las organizaciones de derechos humanos acogen con satisfacción las Observaciones Finales del Comité de la ONU para la Eliminación de la Discriminación Racial sobre la segregación racial y el *apartheid* a ambos lados de la Línea Verde, 21/12/2019, https://www.alhaq.org/advocacy/16324.html

16/ El Instituto de Estudios de Derechos Humanos de El Cairo (CIHRS) y sus asociados acogen con satisfacción las observaciones finales del Comité de Derechos Humanos sobre Israel, en las que se subraya la "discriminación sistemática y estructural preexistente contra las personas no judías", 4/94/2022, https://cihrs.net/cihrs-and-partners-welcome-the-human-rights-committee-concluding-observations-on-israel-emphasizing-the-pre-existing-systematic-and-structural-discrimination-against-non-jews/?lang=en

17/ https://www.palestine-studies.org/en/node/1652655

18/ La ocupación israelí del territorio palestino durante 55 años es *apartheid*: experto en derechos humanos de la ONU, https://www.ohchr.org/en/press-releases/2022/03/israels-55-year-occupation-palestinian-territory-apartheid-un-human-rights

de una vez por todas la ocupación colonial de asentamiento israelí y sus prácticas de *apartheid*" **19/**.

Este cambio fue posible, sobre todo, por el apoyo activo de Sudáfrica y Namibia, países que combatieron para vencer el *apartheid*. Basándose en el progresivo reconocimiento por parte de la sociedad civil, fueron los primeros en reconocer, en los órganos de tratados de Naciones Unidas y en sus procedimientos especiales, que la situación impuesta por Israel contra el pueblo palestino era *apartheid*. Sobre estas bases, el avance más notable se produjo en 2021, en el contexto de la Intifada de la Unidad, cuando el Consejo de Derechos Humanos adoptó una resolución que establecía, por primera vez en la historia de ese órgano, una comisión de investigación de composición abierta con el mandato de investigar las violaciones de los derechos humanos a ambos lados de la Línea Verde (sin limitar el mandato, como se había hecho hasta entonces, a las fronteras de 1967); solicitaba a la Comisión de Investigación que investigara asimismo las "causas profundas subyacentes" de la situación. Las organizaciones de la sociedad civil palestina han insistido en que entre ellas se debe incluir la ideología sionista, que apuntala el establecimiento del Estado de Israel a través de la limpieza étnica, la desposesión y el desplazamiento del 85% del pueblo palestino y la negación de su derecho al retorno, que han seguido hasta la fecha sin abordarse ni castigarse. Es esencial que los Estados apoyen la Comisión de Investigación para que utilice el mandato que se le otorgó a fin de abordar las cuestiones relevantes e investigue las causas profundas que no se han examinado durante décadas, incluido el papel del sionismo en la instauración del *apartheid* colonial, el papel del traslado forzoso en la creación y el mantenimiento de Israel, los crímenes que siguieron a la partición de Palestina por parte de Naciones Unidas, así como el papel de terceros Estados en el mantenimiento del *apartheid* colonial de Israel contra los y las palestinas.

Todos los miembros con derecho a voto del Consejo que proceden de países occidentales –que suelen apoyar siempre los mecanismos de rendición de cuentas en el CDH–, votaron en contra de esta resolución **20/** o se abstuvieron **21/**. La aplicación tan selectiva e incoherente del derecho internacional por parte de esos Estados se puso en evidencia cuando comenzó el genocidio de Israel en Gaza, y antes, tras la guerra contra Ucrania. Tras la ocupación y anexión de más extensión de territorio ucraniano por parte de Rusia, los Estados occidentales se movilizaron y utilizaron todas las medidas disponibles en el derecho internacional para contrarrestar la agresión, incluidas sanciones. Sin embargo, no ocurrió lo mismo tras décadas de crímenes atroces cometidos por Israel o tras el reconocimiento de la Corte Internacional de Justicia (CIJ) de la plausibilidad de un genocidio.

19/ El desmantelamiento de la ocupación ilegal de Israel es una condición *sine qua non* para el derecho palestino a la autodeterminación: experto de la ONU, 27 de octubre de 2022, https://www.ohchr.org/en/press-releases/2022/10/dismantling-israels-illegal-occupation-sine-qua-non-palestinian-right-self

20/ Austria, Bulgaria, Chequia, Alemania, Reino Unido

21/ Dinamarca, Francia, Italia, Países Bajos, Polonia, Ucrania

Según los Procedimientos Especiales de Naciones Unidas, "el derecho internacional no se impone por sí mismo". De hecho, en virtud del derecho internacional, los Estados tienen la responsabilidad de "no reconocer" **22/**, de "no proporcionar ayuda ni asistencia al mantenimiento de una violación grave del derecho internacional", así como la responsabilidad de "cooperar para ponerle fin" **23/**. Sin embargo, los poderosos aliados de Israel, incluidos EE UU y varios países europeos, a sabiendas, han seguido permitiendo a Israel la comisión de crímenes durante más de siete décadas y le han protegido de toda rendición de cuentas efectiva. Siguen dando muestras de que sus intereses están vinculados al mantenimiento del *apartheid* colonial de Israel en Palestina. Los mismos actores que afirman ser los protectores del derecho internacional, con su inacción y su complicidad cuando se trata de los crímenes cometidos en Palestina, ponen en riesgo la desaparición del sistema de derechos erigido tras la Segunda Guerra Mundial. Según el profesor Michael Lynk,

Los mismos actores que afirman ser los protectores del derecho internacional ponen en riesgo la desaparición del sistema de derechos erigido tras la Segunda Guerra Mundial

> "Israel, un país relativamente pequeño en términos geográficos y de población, y con una especial dependencia de la comunidad internacional tanto para el comercio y la inversión como para la cooperación diplomática, no podría haber mantenido una ocupación tan prolongada y represiva en clara violación del derecho internacional sin el apoyo activo y el perverso abandono de muchos actores del mundo industrializado" **24/**.

En la escena internacional, la UE como grupo y Estados individuales como Francia, Alemania, Países Bajos, Reino Unido y EE UU han seguido dando cobertura al genocidio de Israel bajo el pretexto de la legítima defensa, cuando expertos independientes –entre ellos la Comisión de Investigación de Naciones Unidas y la Relatora Especial sobre los TPO– han reiterado la opinión consultiva de la CIJ de 2006, que estableció que Israel no puede invocar el artículo 51 de la Carta de las Naciones Unidas –relativo al derecho a la legítima defensa– contra un territorio que ocupa.

Un claro ejemplo de doble rasero envuelve los procedimientos de la CIJ sobre Myanmar, liderado por Gambia, y sobre Palestina, liderado por Sudáfrica. Ambos se basan en casos jurídicos similares, pero los Estados occidenta-

22/ Declaración de transferencia de armas

23/ Proyecto de artículos de 2001 sobre la responsabilidad del Estado por hechos internacionalmente ilícitos [elaborado por la Comisión de Derecho Internacional y reflejo del derecho internacional consuetudinario].

24/ Informe del Relator Especial sobre la situación de los derechos humanos en los TPO desde 1967, https://www.ohchr.org/en/documents/country-reports/2019-situation-human-rights-palestinian-territories-occupied-1967

les apoyan los procedimientos en uno y se oponen a ellos en el otro. Los Procedimientos Especiales de Naciones Unidas solicitaron a los Estados que impusieran un "embargo de armas a Israel, reforzado por la sentencia de la CIJ (...) al respecto de que existe un riesgo plausible de genocidio en Gaza (...)" **25/**. Organizaciones de la sociedad civil de todo el mundo se han movilizado para que se aplique un embargo de armas a Israel en ambos sentidos **26/**. En su declaración durante el debate sobre el informe del Relator Especial sobre la situación de los derechos humanos en Myanmar en el Consejo de Derechos Humanos el 19 de marzo de 2024, [bajo el título] "El comercio de miles de millones de dólares de la muerte: redes internacionales de armas permiten violaciones de los derechos humanos en Myanmar", la UE declaró ser

"partidaria desde hace mucho tiempo de un embargo de armas. Es imprescindible y urgente una mayor acción preventiva internacional. La UE pide a todas las partes que dejen de exportar o facilitar armas al ejército de Myanmar, así como artículos de *doble uso* cuando haya motivos razonables para sospechar que dichos bienes, tecnologías o armas puedan utilizarse para violar o cometer abusos de los derechos humanos".

Sin embargo, en el caso de Palestina, incluso después de que la CIJ considerara plausible que los actos de Israel pudieran equivaler a genocidio, Estados miembros de la UE, entre ellos Alemania, Italia, Francia y Países Bajos, han seguido proporcionando ayuda militar a Israel. Como afirman los expertos, "EE UU y Alemania son con diferencia los mayores exportadores de armas, y sus envíos se han incrementado desde el 7 de octubre de 2023, (...) lo único que ha hecho la UE ha sido desalentar las exportaciones de armas a Israel" **27/**.

Esto sigue incrementando la excepcionalidad israelí en lo que a la aplicación del derecho internacional se refiere. "La aplicación selectiva e incoherente del derecho internacional está debilitando la integridad del sistema, así como la credibilidad y la legitimidad de los Estados y otros actores que aplican un doble rasero" **28/**. Los procedimientos de la CPI en la situación del Estado de Palestina también pondrán a prueba la credibilidad del sistema de rendición de cuentas establecido por el Estatuto de Roma. La CPI representa una instancia importante de rendición de cuentas para el pueblo palestino que debe ser apoyada, sin perder de vista sus limitaciones geográficas y temporales (que comenzaron el 13 de junio de 2014). Sin embargo, las mismas presiones se aplican en este contexto. En una declaración de la CPI, su presidencia hizo hincapié en los "intentos de minar la independencia, integridad e imparcialidad

25/ https://www.ohchr.org/en/press-releases/2024/02/arms-exports-israel-must-stop-immediately-un-experts
26/ "Poner fin a la complicidad en crímenes internacionales: Un embargo bilateral de armas a Israel", https://ishr.ch/latest-updates/ending-complicity-to-international-crimes-a-two-way-arms-embargo-on-israel/
27/ https://www.eeas.europa.eu/eeas/informal-foreign-affairs-council-development-remarks-high-representative-josep-borrell-press_en
28/ https://ishr.ch/latest-updates/hrc2024-blueprint-for-states-to-ensure-the-human-rights-council-is-credible-accessible-and-effective/

de la Corte", y subrayó que "ciertas declaraciones pueden constituir amenazas de represalias contra el Tribunal y sus funcionarios, en caso de que ejerzan sus funciones judiciales según lo dispuesto en el Estatuto de Roma" **29/**. Como se subrayó en la declaración del Fiscal cuando afirmó que iba a presentar solicitudes de órdenes de detención contra dirigentes israelíes y palestinos,

"si no demostramos nuestra voluntad de aplicar la ley por igual, si se considera que se aplica de forma selectiva, estaremos creando las condiciones para su fracaso. Al hacerlo, estaremos aflojando los lazos que aún nos mantienen unidos, los vínculos que se establecen entre todas las comunidades e individuos, la red de seguridad a la que todas las víctimas recurren en momentos de sufrimiento. Este es el verdadero riesgo al que nos enfrentamos en este momento" **30/**.

Los gobiernos occidentales no solo han seguido prestando apoyo a Israel por medios diplomáticos, militares y económicos tras las medidas adoptadas por la CIJ, sino que Estados "que normalmente reclaman una firme protección de los derechos humanos y del espacio cívico", siguen alentando a Israel cuando adoptan medidas contundentes contra la libertad de expresión y de reunión pacífica, tanto en internet como fuera de la red **31/**. Ahora, más que nunca, está claro que la estrategia de Israel -en estrecha coordinación con sus aliados occidentales- de silenciar la narrativa palestina y la solidaridad internacional no es posible en los tiempos que corren. Los Procedimientos Especiales de Naciones Unidas han concluido que las restricciones indebidas impuestas por los Estados, especialmente en Occidente,

"a las protestas pacíficas y a la sociedad civil que opera para proteger los derechos humanos y el derecho humanitario en el contexto de la guerra contra Gaza son contrarias a la obligación de los Estados, en virtud del derecho internacional, de prevenir crímenes atroces, como el genocidio, crímenes de guerra y crímenes contra la humanidad y el *apartheid*" **32/**.

Mientras varios gobiernos occidentales han seguido intentando silenciar las movilizaciones con el pretexto de combatir el *antisemitismo* y el *terrorismo*, y han aumentado las penas por disentir, el movimiento ciudadano ha resistido y perseverado frente a la represión en apoyo de la descolonización, el fin del genocidio y del *apartheid*. Aunque Israel y sus aliados han intentado presentar

29/ https://www.icc-cpi.int/news/statement-presidency-assembly-states-parties-support-independence-and-impartiality
30/ Declaración del Fiscal de la CPI Karim A. A. Khan KC: "Solicitudes de órdenes de detención en la situación del Estado de Palestina" https://www.icc-cpi.int/news/statement-icc-prosecutor-karim-aa-khan-kc-applications-arrest-warrants-situation-state
31/ https://ishr.ch/latest-updates/hrc2024-blueprint-for-states-to-ensure-the-human-rights-council-is-credible-accessible-and-effective/
32/ https://www.ohchr.org/sites/default/files/documents/issues/association/statements/2024-02-13-stm-peaceful-assembly.docx, y https://www.ohchr.org/en/statements/2024/02/israelopt-enabling-human-rights-defenders-and-peaceful-protests-vital-achieving

"la situación como la de un conflicto entre dos entidades en pie de igualdad, no cabe duda de que, hoy en día, lo que está en el centro del debate es la naturaleza de *apartheid* del régimen colonial de Israel.

El papel de la sociedad civil en todo el mundo ha sido decisivo para garantizar que las causas profundas de la situación ocupen un lugar central en el debate sobre la rendición de cuentas, subrayando que no habrá justicia sin un enfoque decolonial que derive en el desmantelamiento del *apartheid*. Este es un primer paso imprescindible para remodelar el futuro decolonial del pueblo palestino. Las movilizaciones populares alrededor del mundo, tanto en internet como en vivo, apelando a la descolonización, que se reavivaron en torno a la Intifada de la Unidad de 2021 y han continuado tras la guerra genocida de Israel contra Gaza, ilustran claramente este cambio de narrativa. Por lo tanto, los planes de algunos Estados de reconocer el Estado de Palestina sobre la base de las fronteras de 1967 y de Oslo no son sólo una declaración retórica, sino la demostración de no haber aprendido nada de la historia ni de los 31 años de silencio y complicidad de la comunidad internacional que han culminado con un genocidio televisado perpetrado por políticos israelíes que se sienten protegidos y fuera del alcance de la rendición de cuentas internacional. El primer paso para abordar las causas profundas de la situación es reconocer que Israel está cometiendo el crimen de *apartheid* contra el pueblo palestino como instrumento de su colonialismo y, de este modo, hacer realidad la justicia y las reparaciones para los y las palestinas, incluida la realización de los derechos inalienables de los y las refugiadas al retorno y a la autodeterminación como pueblo palestino. El derecho al retorno sigue siendo el requisito previo para la realización del derecho a la autodeterminación. Hoy, más que nunca, se requieren acciones, y no palabras, que pongan fin a décadas de atrocidades cometidas por Israel contra el pueblo palestino. Se trata de una prueba para la humanidad, pero también de evitar que nuestro sistema de derechos desaparezca.

Los planes de algunos Estados de reconocer el Estado de Palestina sobre la base de las fronteras de 1967 y de Oslo no son sólo una declaración retórica, sino la demostración de no haber aprendido nada

Traducción para **viento sur**: *Loles Oliván Hijós*

Nada Awad, activista palestina, es máster en Relaciones Internacionales y Seguridad Internacional por Sciences Po Paris. Su trabajo aborda las violaciones de derechos humanos a través del Consejo de Derechos Humanos de Naciones Unidas y sus mecanismos. Es coautora del informe colectivo palestino "Israeli Apartheid: Tool of Zionist Settler Colonialism". Es miembro político de Al Shabaka.

LA CUESTIÓN PALESTINA Y EL MARXISMO

JOSEPH DAHER

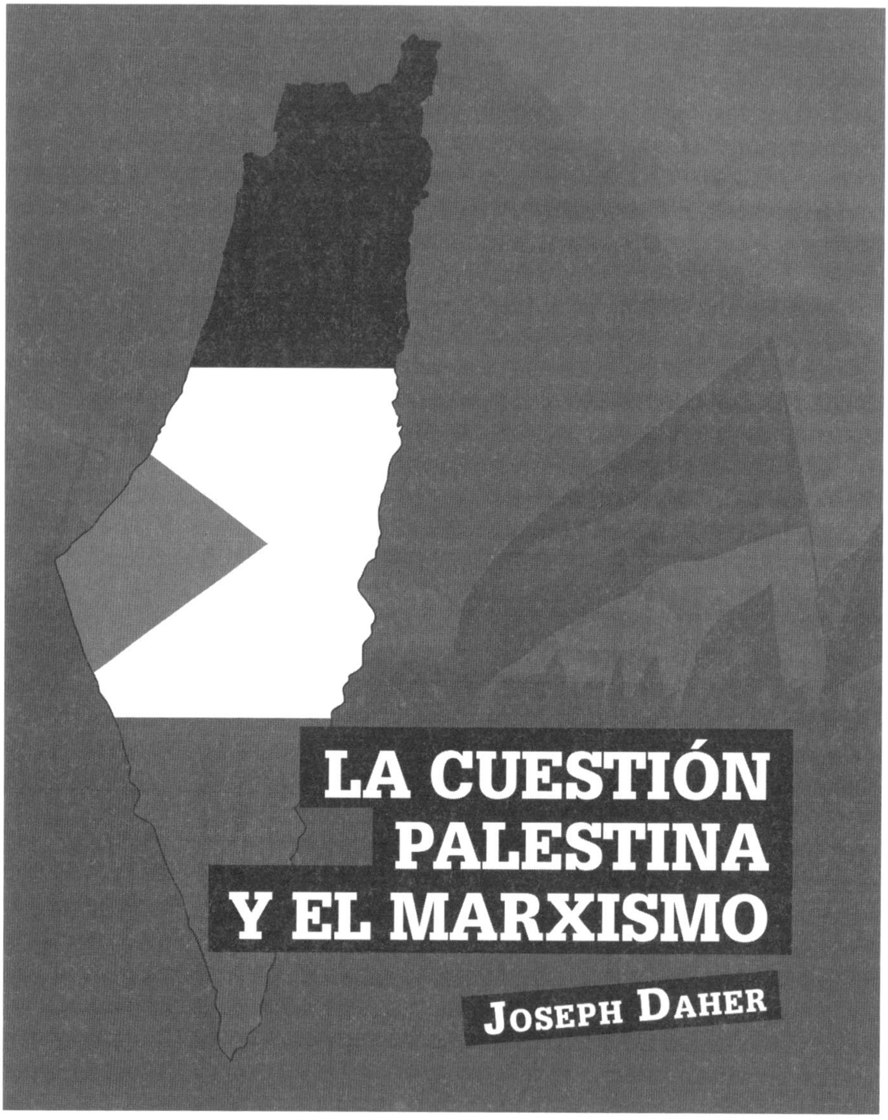

Islamofobia, fascistización, racialización

Ugo Palheta y *Omar Slaouti*

■ En el libro *Défaire le racisme, affronter le fascisme* (La Dispute, 2022) basado en entrevistas a Ugo Palheta y Omar Slaouti, éstos se proponen hacer accesible al mayor número posible de personas las experiencias y herramientas, tanto académicas como activistas, surgidas de las luchas antirracistas y antifascistas pasadas y presentes. Publicamos aquí una parte de la primera entrevista, titulada "Islamofobia, fascistización, racistización", en la que los autores analizan algunas de las especificidades de la islamofobia en Francia y definen conceptos como fascistización y racismo institucional.

La Dispute: ¿Pueden decir algo más sobre la naturaleza específica de la islamofobia en Francia?
Omar Slaouti: Cuando hablamos de racismo, hay que destacar las diferentes formas que adopta. El antigitanismo, el racismo antiasiático, sobre todo en el periodo de la covid, la negrofobia y la islamofobia no tienen las mismas raíces y, según los contextos, unas son más activas que otras, sin que esto signifique que haya competencia entre ellas desde el punto de vista de las personas racializadas de abajo. En cuanto a la islamofobia (...), hay especificidades francesas: en el extranjero, la gente no entiende lo que pasa en Francia, en particular, con la cuestión del Islam y de la islamofobia. Tampoco es ajeno a la dimensión imperialista antes mencionada, ni a la dimensión colonial puesta de relieve por Saïd Bouamama en su último libro **1/** o por Olivier Le Cour Grandmaison en uno de sus libros **2/**: Francia tiene una historia colonial de la que no puede desprenderse y que sigue estructurándola. Evidentemente, hechos como los 4.000 registros organizados durante el estado de emergencia o las declaraciones de Darmanin explicando que era el momento de enviar señales a los musulmanes, aunque no estuvieran implicados en actos terroristas, no son ajenos a la penetración y apropiación de las esferas y cuerpos privados durante los periodos coloniales.

Durante un tiempo, muchas personas musulmanas sufrieron lo que yo llamo el *síndrome de la puerta rota*. Podías sentirte bajo sospecha por cualquier cosa, y alguna gente se sentía aterrorizados por el mero hecho de ser musulmana. Desde todo lo alto, podíamos sentir que nos estaban convocando. "En nombre del feminismo, os impedimos que vistáis como queráis": el tema del pañuelo se debate en todas partes, pero sin contar con las mujeres, que son las primeras afectadas. En nombre de la libertad de expresión, se puede cerrar una editorial. En nombre del laicismo, se invade el espacio de la organización del culto musulmán y se publica una Carta de los Principios del Islam que los

1/ Bouamama, Said (2021) *Des classes dangereuses à l'ennemi intérieur,* Paris: Syllepse.
2/ Le Cour Grandmaison, Olivier (2019) *Ennemis mortels. Représentations de l'islam et politiques musulmanes en France à l'époque coloniale,* Paris: La Découverte.

imanes y las organizaciones religiosas deben ratificar, y donde se especifica (artículo 9 de la Carta):

"Los actos antimusulmanes son obra de una minoría extremista que no puede confundirse ni con el Estado ni con el pueblo francés. Por consiguiente, las denuncias de un supuesto racismo de Estado, como todas las posturas de victimismo, equivalen a una difamación. Alimentan y exacerban tanto el odio antimusulmán como el odio a Francia".

Este es un ejemplo perfecto del mandato islamófobo del Estado. Por último, en nombre de la lucha contra el racismo, se disuelven asociaciones que luchan contra el racismo, sobre todo si el racismo que se combate es la islamofobia. La *Coordination contre le racisme et l'islamophobie* (CRI) fue disuelta en octubre de 2021: las razones aducidas para justificar esta disolución -la misma excusa se ha utilizado en el caso de la CCIF, la mayor asociación antirracista de Francia e incluso de Europa en número de miembros- apuntan en particular al hecho de que la CRI denuncia la islamofobia en Francia.

La especificidad de esta islamofobia en Francia se debe precisamente a su matriz colonial. Si retomamos el ejemplo del pañuelo, mientras el 16 de mayo de 1958 los militares Bugeaud y Massu torturaban y asesinaban, sus respectivas esposas convocaron a una docena de mujeres argelinas "para trabajar por la unión de los corazones" y provocaron aquella ceremonia de quitarse el pañuelo, en nombre de la liberación de las mujeres musulmanas y de la misión civilizadora. Las imágenes de estas *ceremonias* son públicas y circulan. La idea de que el Islam era una religión intrínsecamente peligrosa y un signo de inferioridad civilizatoria también formaba parte de la islamofobia erudita de la Tercera República. Ya entonces, la religión musulmana se percibía y se construía como un obstáculo para la expansión colonial de Francia, por lo que había que occidentalizarla; hoy en día se le sigue presentando como bárbara y opuesta al progreso y la emancipación, en contraposición, por supuesto, a los *valores judeocristianos* blancos; de ahí ese *Islam de Francia* en contraposición al *Islam en Francia*. Es precisamente a través de esta construcción esencializada y estigmatizada del Islam que se produce su racialización y que su tratamiento político se inscribe en el marco de la política de la raza.

Es precisamente a través de esta construcción esencializada y estigmatizada del Islam que se produce su racialización y que su tratamiento político se inscribe en el marco de la política de la raza

En este contexto, una de las prioridades sería denunciar esta islamofobia de Estado que disuelve o amenaza nuestras estructuras religiosas y nuestras solidaridades orgánicas, y que, con la ley sobre el separatismo, nos convierte en enemigos internos. En cambio, las organizaciones que luchan contra la islamofobia se han quedado aisladas, defraudadas por un gran número de organizaciones que suelen movilizarse contra todas las formas de discriminación. Los organizadores de las manifestaciones masivas contra la ley de *seguridad global* no han querido movilizarse con el mismo fervor contra esta ley llamada de *separatismo*, a pesar de que el artículo 36 reintroducía el artículo 24, que había sido abandonado en la ley de *seguridad global*. Por último, esta ley inicua y estas disoluciones racistas se producen en silencio, el mismo silencio que acompaña a los procesos de fascistización.

Ugo Palheta: En mi opinión, también existe una especificidad francesa en el nivel de institucionalización de la islamofobia. En el plano ideológico, en Italia, por ejemplo, libros de islamofobia absolutamente delirantes y conspirativos, como los de Oriana Fallaci, han vendido millones de ejemplares **3/**. En Alemania, el movimiento Pegida -un movimiento específicamente islamófobo- consiguió sacar a la calle a decenas de miles de personas en 2014 y 2015, mientras que movimientos equivalentes en Francia nunca lo han logrado. En Inglaterra y Estados Unidos también hay ideólogos islamófobos que desempeñan un papel importante en el debate público. Pero es cierto que en Francia, y esto es lo que la hace única en mi opinión, el Estado es un actor central de la islamofobia. La ley del 15 de marzo de 2004 sobre el uso de símbolos religiosos llamados *ostentosos* en las escuelas, la circular de Chatel sobre las madres acompañantes y, más recientemente, la ley llamada de *separatismo* (que se ha convertido en una *Ley de refuerzo del respeto de los principios de la República*) y el artículo de la ley del trabajo que permite a las empresas imponer estatutos laicos: todas estas medidas legales están de hecho dirigidas a las y los musulmanes. A menudo es este nivel de institucionalización lo que sorprende en el extranjero. Los medios de comunicación estadounidenses no han descubierto la islamofobia, pero imaginar, por ejemplo, que los concejales locales tomen la decisión de prohibir el burkini en las playas de sus municipios parece bastante impensable para las y los estadounidenses o ingleses.

Y no creo que la historia hubiera acabado así si toda una parte de la izquierda francesa no estuviera tan impregnada de colonialismo. Como nos recordaba Pierre Tévanian en *Le Voile médiatique* (El velo mediático) en 2005 **4/**, cuando se inició el debate sobre el velo en las escuelas, los sondeos de opinión mostraban que la población estaba muy dividida sobre la cuestión de la necesidad de una nueva ley sobre símbolos religiosos en las escuelas, más o menos al 50%. Al principio, la gente se mostraba en general escéptica, más en las clases trabajadoras que en las altas, y mucho más entre los partidarios de la izquierda que en los de la derecha. Pero tras un año de pseudodebates

3/ En relación a Oriana Fallaci, ver Broousin y Tommaso Vitales: "Les intellectuels italiens et l'islamophobie", *Contretemps*, febrero 2012, https://www.contretemps.eu/intellectuels-italiens-islamophobie/

4/ Tévanian, Pierre (2005) *Le Voile médiatique, un faux débat : L'affaire du foulard islamique*, Paris: Raisons d'agir.

orquestados por los grandes medios de comunicación, tras el *trabajo* de una comisión parlamentaria cuyas recomendaciones finales estaban claras desde el principio, y sobre todo con una izquierda que o estaba muy a favor de la ley (PS, LO) o, en el mejor de los casos, dividida al respecto (PCF, Verdes, LCR), se produjo un vuelco y una amplísima mayoría de las personas encuestadas se declaró a favor de una nueva ley.

Las y los políticos y los medios de comunicación realizaron un esfuerzo ideológico muy potente para imponer la idea de que el Islam y las y los musulmanes eran un *problema* para Francia, que requería un *nuevo laicismo* (de hecho, un "laicismo falsificado", en palabras del historiador Jean Baubérot) para proteger *la República*. Es también lo que decía el sociólogo Pierre Bourdieu, pero casi ince años antes, en la época del llamado *problema de Creil* en 1989: "Un problema puede ocultar otro" **5/**. En otras palabras, el llamado problema del pañuelo oculta lo que es realmente un problema para los racistas, lo que es insoportable para ellos, a saber, la presencia duradera de millones de personas procedentes de la inmigración poscolonial. Bourdieu dijo esto en 1989 y suena terrible para el sentido común, lo que queda ampliamente corroborado por la evolución del debate político sobre el tema (en quince años hemos pasado de la cuestión de los símbolos religiosos en las escuelas a la del *gran reemplazo*...), pero si dices eso en el debate público actual en Francia, es muy probable que te tachen de *islamista de izquierdas*, de partidario del *separatismo*, de terrorista y, por tanto, que te descalifiquen desde el principio y de una vez por todas.

Lo que es realmente un problema para los racistas, lo que es insoportable para ellos, a saber, la presencia duradera de millones de personas procedentes de la inmigración poscolonial

La Dispute: Han empleado una serie de términos que convendría definir con precisión: racialización, racismo de Estado, racismo estructural, pero también fascistización, fascismo, neofascismo... ¿Podrían explicarlos y analizar su relación?

U. P.: Empecemos quizás por definir rápidamente el fascismo, que se refiere esencialmente a un cierto tipo de proyecto o ideología, que puede o no concretarse en organizaciones (cuyas formas varían según los contextos históricos y nacionales) y un cierto tipo de Estado (un poder dictatorial cuyas características específicas no voy a tratar aquí, ya que nos llevaría demasiado lejos). El proyecto fascista consiste en pretender regenerar una comunidad imaginaria (generalmente

5/ Bourdieu, Pierre (2002) "Un problème peut en cacher un autre. Réflexions sur les affaires de voile islamique", en *Interventions, 1961- 2001. Science sociale & action politique*, Marseille: Agone.

la *nación*, pero potencialmente también la *civilización* o la *raza*) mediante una vasta operación de *purificación* o *limpieza*: purificación etnorracial (dirigida contra las minorías etnorraciales, religiosas, etc., que impedirían a la nación constituirse como tal, fiel a su pasado ancestral, a sus raíces profundas, a su identidad casi eterna y gloriosa, etc.) y purificación política (dirigida contra los movimientos acusados de dividir a la nación y, por tanto, de debilitarla: los que practican la lucha de clases, las feministas, los antirracistas, etc.). Ni que decir tiene que tal proyecto se basa en una visión completamente quimérica de la nación (esencializada, eternizada, fetichizada) y en una concepción mitológica de su pasado.

En nuestro libro *Face à la menace fasciste*, escrito con Ludivine Bantigny, intentamos desarrollar esta perspectiva en términos de fascistización. En primer lugar, la idea principal es que el fascismo no se produce de la noche a la mañana, sino que, en cierto modo, hay todo un proceso que tiene lugar aguas arriba y aguas abajo de la conquista del poder político por los fascistas. El fascismo, como régimen, como poder fascista, basado en aplastar todas las formas de disidencia social, sindical, política, artística, etc., no puede surgir sin toda una fase histórica de impregnación, tanto ideológica como material, sin una serie de transformaciones que alteren el equilibrio interno del Estado en beneficio del aparato represivo (en particular, la policía), multiplicando su capacidad de intervención autónoma (y por tanto arbitraria), y justificando ideológicamente, legitimando, esta vasta empresa de *purificación* de la que acabo de hablar. Utilizamos el concepto de fascistización para designar esta fase de preparación ideológica y material. Una de las ideas que desarrollamos a continuación es que hay dos fases de fascistización: la primera, que precede a la llegada de los fascistas al poder (y creo que es el tipo de fase en la que estamos en Francia); la segunda, que sigue a la conquista del poder político (es la fase en la que se han encontrado, por ejemplo, el Brasil de Bolsonaro o la India de Modi).

En cuanto a la preparación ideológica, podemos verlo de mil maneras y a partir de mil pistas consultando los grandes medios de comunicación y observando el debate político actual en Francia. No me detendré en ello, porque es el aspecto más visible. En cuanto a la preparación material, se trata de que los gobiernos se han dotado de todo un arsenal jurídico y de toda una base institucional que permitiría a un gobierno de extrema derecha aplastar cualquier forma de oposición sin tener que salirse de la *legalidad republicana*. El ejemplo de la disolución de la CCIF es muy significativo desde este punto de vista. Tenemos una organización formada esencialmente por abogados y abogadas, que realizaba tanto un censo estadístico de los actos y discursos islamófobos como un trabajo jurídico de defensa de las personas musulmanas. Esta organización fue disuelta de la noche a la mañana, sin ninguna razón seria. Es realmente sorprendente, y debería parecer escandaloso a cualquier persona con el más mínimo apego a las libertades civiles, pero no ha provocado ninguna movilización a gran escala.

La segunda fase de la fascistización es la transformación del Estado de una democracia capitalista en el sentido tradicional (papel importante del parlamento, respeto de las libertades públicas, etc.) o una forma muy degradada de democracia capitalista (*democradura, democracia autoritaria, democracia iliberal*, etc.) en un Estado fascista. A veces imaginamos que detentar el poder político significa detentar el poder y tener la capacidad de hacer lo que queramos con él, pero esta idea ha sido regularmente desmentida porque quienes detentan el poder político pueden enfrentarse a sectores hostiles del Estado, al poder económico (el capital o ciertas fracciones del capital) y, por supuesto, a las luchas populares. Por ejemplo, cuando Trump y Bolsonaro llegaron al poder en Estados Unidos y Brasil, respectivamente, no pudieron hacer exactamente lo que querían. Así que hay una segunda etapa de fascistización, que puede ser victoriosa para los fascistas o conducir a su derrota. Si tomamos el ejemplo del fascismo histórico, Mussolini no consiguió realmente fascistizar el Estado hasta tres o cuatro años después de llegar al poder (Hitler, por su parte, fue mucho más rápido en lo que los propios nazis llamaron *Gleichschaltung*). Durante tres o cuatro años en Italia siguió habiendo oposición política, incluso en el parlamento (el líder comunista Antonio Gramsci fue incluso diputado hasta su detención en noviembre de 1926), hubo movimientos sociales y huelgas, que obviamente fueron reprimidos con más dureza que en el periodo anterior, pero aún no estábamos en el contexto del Estado fascista tal y como surgió a finales de los años veinte.

La fascistización procede de diferentes maneras según se pertenezca o no a las minorías religiosas y étnico-raciales que suelen ser el objetivo principal

En efecto, como ha señalado Omar, la fascistización procede de diferentes maneras según la posición de cada uno en la sociedad y, en particular, según se pertenezca o no a las minorías religiosas y étnico-raciales que suelen ser el objetivo principal no sólo de los fascistas, sino también del Estado en la fase de fascistización: todas esas personas que pueden ser perseguidas sin ningún motivo real; todas esas personas cuyas organizaciones pueden ser disueltas; todas esas personas que pueden ser controladas en la calle, manoseadas, maltratadas, humilladas, etc. Por eso decimos, con Ludivine Bantigny, que el fascismo está y no está: no está ahí en el sentido de que, estrictamente hablando, no hay Estado fascista; de lo contrario no habría medios de comunicación independientes ni sindicatos independientes del Estado, las organizaciones feministas, antirracistas y antifascistas probablemente no sobrevivirán mucho tiempo, ni tampoco la izquierda radical... Pero el fascismo está ahí en el sentido de que hay elementos y procesos de fascistización en marcha, que afectan, en particular, a las minorías, a la población romaní, por ejemplo, a quienes se ha privado de su derecho a ir a la escuela en algunas comunas, a las personas inmigrantes, por supuesto (a las que se acosa y maltrata constantemente), a las musulmanas, a las residentes en barrios obreros y de inmigrantes, etcétera.

Por eso es difícil encontrar los términos adecuados para definir el sistema político en el que nos encontramos hoy. ¿Es una democracia? Evidentemente, si nos tomamos en serio las palabras, es decir, democracia como poder popular (en el sentido etimológico del término), parece difícil afirmar que estamos en una democracia. ¿Estamos en una dictadura? No. Ludivine y yo queríamos poner palabras a esta situación, que nos parece intermedia, entre una democracia capitalista clásica (con instituciones políticas basadas en el liberalismo en sentido clásico) y una dictadura de corte fascista. Una de las hipótesis vinculadas a la idea de fascistización es que el neoliberalismo autoritario, que Macron encarna a la perfección, no es la última etapa de este proceso, porque constituye un modo de dominación política estructuralmente inestable. Podría ser sólo una etapa en la construcción de otro tipo de poder, una forma de allanar el camino para un poder de tipo fascista, siempre que no se detenga el proceso...

O. S.: O tal vez se produzca una transformación interna del Estado, que se acelera con el poder neoliberal más clásico y que acentuará aún más la fascistización, en función de la relación de fuerzas con los movimientos sociales, como comentábamos al principio de la entrevista. En mi opinión, ese es el primer punto. El segundo, es que hay un escollo que hay que evitar, que sería preguntarse cuándo hay que llegar a la encrucijada para determinar si *vamos o no vamos* a dar la batalla contra este sistema. En este momento, nuestra preocupación es que asistimos a una tendencia fascistizante a la que obviamente tenemos que oponernos ahora mismo. Digo esto porque algunas personas dicen: "No estamos en un periodo fascista, no exista necesariamente una emergencia". Es muy peligroso porque tiene consecuencias gravísimas en este momento, tanto para las personas inmigrantes como para todas las personas racializadas y para todas nuestras libertades sindicales, políticas y asociativas. Pero también es peligroso porque la fascistización allana el camino al fascismo si no se controla. El otro escollo a evitar, creo, es que no debemos ser prisioneros de la historia, es decir, no ganaríamos nada entendiendo el presente intentando copiar y pegar escenarios históricos heredados del pasado. Los fascistas tienen capacidad para adaptarse a las nuevas configuraciones del momento, incluso en relación con lo que existía ayer. Su discurso y sus prácticas no pueden ser los mismos: por eso el FN, que es fascista por naturaleza, adapta su discurso. Por supuesto, hay constantes. Una de las constantes de los periodos fascistas o fascistizantes es que la burguesía puede seguir haciendo lo que tiene que hacer, es decir, generar plusvalía en la relación capital-trabajo y financiarizar aún más la economía a través de los dividendos. Otra constante es que la fascistización sólo puede basarse en una construcción esencializada y estigmatizada de quienes representan el *ellos* frente a un *nosotros* moderno, puro y civilizado. Por eso es tan importante el racismo institucional, porque prepara el terreno para este proceso total y totalitario.

Mientras que el racismo institucional es, en última instancia, involuntario, en el sentido de que no se trata de que las instituciones escriban en blanco y negro o digan abiertamente que hay que discriminar a las personas por su color de piel o su religión supuesta o real (aunque, en la práctica, estas instituciones discriminen: esto es un hecho y ha sido ampliamente documentado por muchos sociólogos, juristas, sindicalistas e incluso por estructuras muy de centro-derecha), en cambio, el racismo de Estado se asume abiertamente con las palabras y el arsenal jurídico. Por supuesto, estas formas de expresar el racismo pueden solaparse y enriquecerse mutuamente. Hasta el punto de que, por ejemplo, las y los musulmanes en Francia están más discriminados en el empleo que las personas negras en Estados Unidos; o que la cuarta generación, los descendientes de inmigrantes poscoloniales, también son víctimas del racismo. El racismo de Estado en su triple dimensión -racismo en el Estado (racismo institucional), racismo de Estado (racismo específico de la creación del Estado-nación), racismo por el Estado (todas las declaraciones y legislaciones racistas)- encarna, en definitiva, lo que una gran parte de la izquierda nunca ha dejado de negar, cada vez que ha reducido la cuestión del racismo a la dimensión individual, psicologizando y, por tanto, tergiversando esta opresión estructural y sistémica.

Ugo Palheta, profesor de la Univesidad de Lille
y coeditor de la web *Contretemps.eu*
Omar Slaouti, enseñante, forma parte del colectico *Vérité et Justice pour Ali Ziri* y fue iniciador de la *Marche contre l'islamophobie*

https://www.contretemps.eu/islamophobie-fascisation-racisation-slaouti-palheta/#_ftnref5

Traducción: ***viento* sur**

La fotografía como dique ante el paso del tiempo

Inigo Cabieces

■ Inigo Cabieces Casares es un fotógrafo que trabaja como director de foto en una productora audiovisual en Tolosa (Gipuzkoa). La cámara, además de en el plano laboral, ocupa un importante lugar en lo personal. Para Inigo la fotografía representa un dique ante el paso del tiempo, una manera de poder recordar y tener presentes a las personas queridas que ya no están. Esta capacidad de la fotografía para crear una memoria digital personal es una de las motivaciones de este fotógrafo a la hora de capturar instantes.

Además de realizar coberturas periodísticas para varios medios en los últimos años, con lo que más disfruta es de poder bajar a fiestas, cubrir manifestaciones o eventos deportivos como una carrera. Cámara en mano, puede pasarse horas buscando diferentes ángulos y retratando los momentos más significativos de la jornada.

Su inspiración en la fotografía se nutre de diversos estilos y registros. A nivel deportivo el trabajo del fotógrafo Charly López refleja un enorme talento para componer una imagen. En lo que respecta a la dirección de fotografía, Irene Cruz, destaca Inigo, tiene un toque especial inimitable. Otras grandes fotógrafas y fotógrafos como Annie Leibovitz, Emilio Morenatti, Lidia Vives o Peio Zama contribuyen a conformar, entrenar y reforzar su mirada fotográfica.

En las imágenes que acompañan a este número podemos ver al payaso Porrotx, con quien Inigo creció y ahora también lo hacen sus hijos. Destaca Inigo la importancia de lo que representa en Euskal Herria: "Enseñan valores desde txikis, acompañan a movimientos sociales y, a fin de cuentas, se mojan". En otra de las imágenes vemos el *Eguberri*, donde Inigo aprecia un nexo entre lo euskaldun y la Nochebuena: "lejos de los elementos religiosos, que los hay, tiene un carácter rural que huele a tierra". También podemos ver una de las manifestaciones más multitudinarias en décadas en Tolosa. Miles de personas salieron a las calles para demandar un hospital público para la comarca y para la apertura de una farmacia en un pequeño barrio. En la foto aparece Juantxo Arakama, del grupo Glaukoma, con las y los manifestantes. El *Olentzeroren basoa*, es un evento navideño que también nos muestran las imágenes. Además de ser un sitio mágico, se trata de un pequeño recorrido monte arriba donde voluntarias y voluntarios unen mito y tradición para mostrar a los *txikis* de dónde venimos. Ya, por último, vemos la T3T (lo que se podría traducir como las *Las tres cumbres de Tolosaldea*), una exigente carrera de 43 km. En la foto vemos a la ganadora del año pasado, Sarah Ugarte, corredora de montaña cuya fuerza es abrumadora.

Estas imágenes, en definitiva, ya forman parte de la memoria personal y colectiva.

Mariña Testas

3. PLURAL

¿*Quo vadis* Europa?

Miguel Urbán Crespo

■ Del próximo 6 al 9 de junio están llamados a votar los ciudadanos y ciudadanas de los veintisiete Estados que conforman la actual Unión Europea para elegir los diputados y diputadas del parlamento europeo que conformaran la décima legislatura. Elecciones que son aprovechadas para renovar el entramado de gobernanza de la UE (Parlamento, Consejo y Comisión Europea). Con la convocatoria electoral se intenta esquivar la imagen de un aparato burocrático estructurado jerárquicamente, con escaso control democrático y que responde a un equilibrio de poderes entre Estados a partir de la hegemonía del eje Berlín-Paris.

En esta ocasión, desde ***viento* sur** hemos querido aprovechar que los focos mediáticos y el debate público estará pendiente de la convocatoria electoral para reflexionar sobre la Unión Europea realmente existente, más allá del maquillaje de su propaganda. Y lo hacemos analizando las tendencias de fondo que han marcado esta legislatura que termina y que a buen seguro marcarán la que comienza.

En primer lugar, **Miguel Urbán** y **Jaime Pastor**, en el artículo "Hacia un despotismo oligárquico, tecnocrático y militarista" abordan cómo, tras el relativo paréntesis postausteritario de la crisis pandémica, la *policrisis* global, que debilita aún más el peso geoeconómico y geopolítico de la UE, le está conduciendo a nuevos saltos adelante en su integración financiera y militar en nombre de la competitividad y de la respuesta a la injusta invasión de Ucrania. De ese modo, se está produciendo la aceleración de la agenda de máximos de unas élites neoliberales europeas que buscan una alianza financiera y comercial más estrecha entre ellas y, a su vez, una remilitarización de la UE como instrumento útil para su proyecto de *Europa potencia*. Así, el constitucionalismo de mercado que ha imperado hasta ahora se ve complementado con un pilar securitario más reforzado.

Nos hallamos, por consiguiente, ante una nueva aplicación de la estrategia del *shock*, con tambores de guerra de fondo, que está siendo utilizada por las elites europeas para entrar en una nueva fase en la que se pretende reforzar un modelo de federalismo oligárquico y tecnocrático. Porque esto es lo que ha propuesto abiertamente Mario Draghi, exconsejero de Goldman Sachs, en su reciente informe por encargo de la presidenta de la Comisión Europea, Ursula von der Leyen: acelerar la puesta en pie de mecanismos de decisión conjunta de las instituciones europeas con el fin de favorecer la unión de los mercados de capitales de la UE y poder actuar en mejores condiciones dentro de la carrera de la *competitividad*, cada vez más intensa, con las otras grandes potencias, ya estén en declive o en ascenso, tras el final de la *globalización feliz*.

En segundo lugar, **Pedro Ramiro** y **Erika González**, en su contribución, "*Global Gateway*: alianzas público-privadas para el control de fronteras y el extractivismo neocolonial" analizan cómo el refuerzo de la tríada militarización-fronteras-extractivismo dirige las políticas europeas; unas políticas desplegadas internacionalmente a través de un renovado *pack* normativo con el que la UE trata de resituarse en un (des)concierto global marcado por la expansión comercial de China y el declive de la hegemonía estadounidense. De esta forma, "el *Global Gateway* y la nueva oleada de acuerdos comerciales que la UE ha impulsado en los dos últimos años –renovación de los tratados con Chile y México, conclusión del acuerdo con Mercosur, firma de partenariados estratégicos sobre materias primas con una decena de países– se ha diseñado con un claro objetivo: asegurar el acceso de las transnacionales europeas a los recursos minerales de estas regiones. La competencia global por posicionarse en los nuevos mercados *verdes* y *digitales*, frente a la imparable hegemonía de China, está en el origen de la velocidad de crucero con que la UE ha impulsado una batería de herramientas para garantizar una disponibilidad segura y abundante a estos minerales". El *Global Gateway*, al fin y al cabo, no es sino una pieza más del puzle normativo que está tratando de armar la Unión Europea para fortalecer la defensa de sus intereses geoestratégicos en su guerra comercial contra China. Una de las más relevantes, eso sí, ya que combina actuaciones importantes en varios de los pilares fundamentales de la acción exterior de la UE: del control migratorio a las relaciones comerciales.

En tercer lugar, **Sara Prestianni,** en el artículo "La deriva securitaria que caracteriza las políticas europeas de migración y asilo" analiza la política antiderechos de la recientemente aprobada necropolítica migratoria del Pacto Europeo de Migración y Asilo.

La cuestión migratoria se ha convertido en uno de los temas que más ha tensionado a la UE en los últimos años, fundamentalmente desde 2015, con la mal llamada crisis de las y los refugiados que realmente siempre ha sido una crisis de derechos, tal y como demuestra finalmente la aprobación del pacto migratorio. De hecho, el elemento central del Pacto de Migración y Asilo es la institucionalización y sistematización de las políticas basadas en una supuesta excepcionalidad que desde el 2015 hasta hoy han justificado malas prácticas, horrores como los del campamento de Moria, las devoluciones en caliente en cadena en los Balcanes o las muertes en el Mediterráneo.

Este pacto no solo no hace frente a las vulneraciones de los derechos humanos, sino que las avala, les da rango de acuerdo europeo y hace de las mismas la condición de posibilidad de esta nueva normativa. En este sentido, en sí mismo, el acuerdo es la expresión del corrimiento del arco político europeo hacia la extrema derecha, especialmente en todo lo referente a la necropolítica migratoria. Así, la gran victoria de la extrema derecha en los últimos años ha sido conseguir condicionar y marcar la agenda de las políticas migratorias de la UE dando una vuelta de tuerca a la construcción de la Europa Fortaleza.

En cuarto lugar, **Jordi Calvo**, en el artículo "El *wishful thinking* de la militarización y la paz de la UE", examina la remilitarización europea como un proyecto de integración europea de las elites para complementar el despotismo oligárquico de mercado actualmente existente.

La militarización de la Unión no ha comenzado como una respuesta a la guerra en Ucrania. El Tratado de Lisboa ya supuso para la UE un distanciamiento del proyecto fundacional de la UE, inspirado, al menos inicialmente, en la paz y los derechos humanos. De hecho, vemos que el aumento en los gastos militares de la UE ha sido planificado y constante, siendo la industria militar quien ha dirigido la militarización europea. Es quizá por ello que las empresas de armas europeas conforman hoy en día el segundo sector económico que más crece, solo por detrás del de la inteligencia artificial, con un 31% el último trimestre. Una militarización bajo el paraguas de la OTAN, que impide a la UE valorar los riesgos y amenazas a su seguridad sin la tutela de EE UU; es decir, sin tener en cuenta los intereses norteamericanos.

El *wishful thinking* militarista de los actuales dirigentes políticos de la UE lleva a la población europea a la ilusión de que la paz la traerán las armas y la guerra. Pero la espiral militarista es insaciable. Los principales indicadores militares europeos ya están en máximos históricos. La ola reaccionaria que impregna la política europea ha generado un marco de pensamiento que sabemos que puede llevar a Europa y al resto del mundo a una gran guerra con efectos de destrucción y muerte impredecibles. La paz no se conseguirá preparando, alentando y jaleando la guerra. ¿Habremos aprendido algo de la Primera y Segunda guerras mundiales?

En quinto lugar, **Alfons Pérez** analiza el Pacto Verde Europeo (PVE) que ha marcado buena parte de las políticas de la comisión en esta última legislatura, en "¿Quién lidera la *revolución industrial verde*? Un análisis crítico de cinco años del Pacto Verde Europeo".

A finales de 2019 la Comisión Europea presentaba el Pacto Verde Europeo (PVE), la hoja de ruta para que Europa fuera el primer continente neutral en emisiones para 2050. En estos casi cinco años de vigencia, el PVE ha resistido a la pandemia y a la guerra de Ucrania, convirtiéndose en la estrategia para la recuperación económica y un elemento central para la autonomía estratégica. Pero ¿cómo es posible que un conjunto de políticas ambientales y climáticas hayan sobrevivido a ese doble golpe? Simple y llanamente porque el PVE va mucho más allá de la transición verde: su verdadero objetivo es geopolítico y geoestratégico.

El PVE se ha caracterizado por promover una gran alianza público-privada, donde las instituciones públicas proveen y facilitan y las grandes empresas privadas ejecutan reteniendo la propiedad de las infraestructuras y su control. La contraparte del Pacto no es la ciudadanía, portadora de derechos, sino el poder corporativo que está saliendo reforzado con las políticas del PVE. En este sentido, las cifras de movilización de recursos públicos, por ejemplo, a través del NextGenerationEU, o de la cantidad de procesos administrativos *fast-track* para cualquier cosa relacionada con la transición verde, ponen de manifiesto el esfuerzo de las instituciones públicas europeas para sincronizar la transición con los intereses corporativos y el ciclo económico.

Aunque suene grueso, el PVE es una hoja de ruta y un objetivo geopolítico que no puede avanzar sin relaciones neocoloniales y extractivas. No está planteado como una relación entre iguales, ni entre ciudadanía y corporaciones ni del Norte Global frente a Sur Global. El combate ideológico contra lo que subyace en el PVE no se sustenta solamente en rebatir si es *nuevo* o si es *verde*, sino en señalar que no hay transición posible si se construye como un marco de privilegios para unos pocos, para el poder corporativo y las elites extractivas que son la contraparte actual del Pacto. Por eso es fundamental un análisis crítico que vaya más allá de si contribuye a la lucha contra la emergencia climática o si puede ser catalogado como *greenwashing,* e incorpore una visión del impacto sobre el poder corporativo en el sentido de proyecto de reforma estructural económica y financiera, con consecuencias extraterritoriales, para que la Unión Europea lidere la *revolución industrial verde.*

Por último, no podíamos dejar de abordar la cuestión de las movilizaciones agrarias que han sacudido en los últimos meses Europa. Para ellos incorporamos un artículo corto de **Morgan Ody**, Coordinadora General de La Vía Campesina: "Movilizaciones en el campo europeo: salir del libre comercio para lograr una transición hacia modelos agrícolas más sostenibles", que no deja de ser unas notas al calor de las movilizaciones que se analizarán con mayor profundidad en un plural exclusivo sobre la cuestión agraria en Europa que saldrá en el próximo numero de la revista.

En definitiva, este plural intenta escapar del inmediatismo electoral, porque más allá de elementos de coyuntura que pueden cambiar o modificarse, los artículos analizan el momento crucial que vive la llamada construcción europea desde una perspectiva más de época. Todo ello en un contexto en el que los tambores de guerra no paran de resonar en las cancillerías, acercándonos peligrosamente al escenario de una nueva confrontación bélica mundial, con el telón de fondo de la emergencia climática y el desmantelamiento de la gobernanza multilateral y del derecho internacional que ha regido la globalización neoliberal durante las últimas décadas.

1. ¿*QUO VADIS* EUROPA?

Hacia un despotismo oligárquico, tecnocrático y militarista

Miguel Urbán y Jaime Pastor

> "Gracias a la Unión Europea, aunque sin duda no sólo por esa razón, la competencia política está cada vez más despolitizada"
> Peter Mair

■ Desde que, como analizó y denunció hace ya mucho tiempo Peter Gowan, la aprobación del Acta Única Europea en 1986 marcara el inicio de un *nuevo europeísmo* -el de una Europa secuestrada por el neoliberalismo-, han transcurrido varias décadas durante las cuales se ha ido imponiendo una *metaideología* que está erosionando las bases mismas de la democracia liberal que llegó a estabilizarse en el centro de la economía-mundo después de la Segunda Guerra Mundial.

A lo largo de todo este tiempo, hemos visto cómo se ha consolidado la idea de una *Europa* que, como reconoció uno de los intelectuales orgánicos de ese proyecto, Jean Pisany-Ferry, en 2005, "ha sido nuestro programa de ajuste estructural", o sea, el de una estrategia del *shock* que en nombre de la *integración europea* ha ido modificando la relación de fuerzas entre las clases en un sentido inverso al que se vio reflejado en el *Espíritu del 45*, antifascista, democratizador y socializante, tan dignamente representado en la película de Ken Loach del mismo título.

Para lograr ese propósito era necesario buscar un consenso entre las élites dominantes alejado del control democrático de los distintos pueblos de los países que han ido formando parte de ese proyecto. Porque si ya desde sus orígenes muy diferentes *expertos* reconocían que la *integración europea* contenía en su seno lo que eufemísticamente se denominaba *déficit democrático*, más tarde se darían nuevos pasos hacia un modelo oligárquico mediante el Tratado de Maastricht, la adopción del euro y el menosprecio por parte de las élites políticas y económicas del rechazo popular que sufrió el Tratado Constitucional Europeo en Francia y Holanda, imponiendo su mismo contenido a través del Tratado de Lisboa, que si bien formalmente no tiene el carácter de una Constitución, se erigió como un acuerdo entre Estados con rango constitucional.

De ese modo se ha ido materializando una Constitución económica neoliberal que consagró las famosas *reglas de oro*: estabilidad monetaria, equilibrio presupuestario, competencia libre y no falseada. Como muy bien explica Pierre Dardot:

> "En ausencia de un Estado europeo, existe una expresión concentrada del constitucionalismo de mercado en el conjunto de las llamadas normas comunitarias que prevalecen sobre el derecho estatal nacional. La ecuación que se impone es la misma que la que formuló Hayek en su tiempo: primacía del derecho privado garantizada por un poder fuerte. Esta primacía está consagrada en los tratados europeos; el poder fuerte encargado de velar por el respeto de esta primacía lo encarnan diversos órganos que se complementan, como el Tribunal de Justicia, el Banco Central Europeo (BCE), los Consejos interestatales (de jefes de Estado y de ministros) y la Comisión" (Dardot, 2021).

Órganos a los que tendríamos que sumar el Eurogrupo, un supuesto club informal no sometido a ningún control democrático, que fue fundamental en el chantaje al pueblo griego para imponerle, pese a su No mayoritario en el referéndum, el memorándum de austeridad neoliberal de la Troika en 2015. Un auténtico golpe de Estado financiero que acabó por dar la puntilla final a cualquier ilusión democratizadora de la UE, como llegó a reconocerlo con palabras crudas el entonces ministro de finanzas alemán, Wolfgang Schauble.

Ahora, tras el relativo paréntesis postausteritario de la crisis pandémica, estamos viendo cómo la *policrisis* global -que debilita más aún el peso geoeconómico y geopolítico de la UE- está conduciendo a nuevos saltos adelante en su integración financiera y, también, militar en nombre de la competitividad y de la respuesta a la injusta invasión de Ucrania. Así, se está produciendo la aceleración de la agenda de máximos de unas élites neoliberales europeas que buscan una alianza financiera y comercial más estrecha entre ellas y, a su vez, una remilitarización de la UE como instrumento útil para su proyecto de una *Europa potencia*. De ese modo se ve complementado el constitucionalismo de mercado que ha imperado hasta ahora con un pilar securitario más reforzado.

En este sentido, el Alto Representante para la Política Exterior de la UE, Josep Borrell, afirmaba en una entrevista al inicio de la invasión de Ucrania:

> "Los europeos hemos construido la Unión como un jardín a la francesa, ordenadito, bonito, cuidado, pero el resto del mundo es una jungla. Y si no queremos que la jungla se coma nuestro jardín tenemos que espabilar" **1/**.

Unos meses antes, el propio Borrell había presentado el Plan Estratégico para la Defensa Europa, afirmando que "Europa está en peligro". Así,

1/ https://www.elmundo.es/internacional/2022/03/04/62221cb5fc6c838e738b456f.html

al peligro que parecía provenir fundamentalmente de los flujos migratorios, abordados desde la securización de las fronteras de la Europa Fortaleza, se suma ahora la opción por una respuesta militarista frente a las denominadas amenazas externas que puedan provenir de otros Estados.

Una dinámica que, como define Tomasz Konicz, es consustancial al imperialismo en crisis del siglo XXI, que ya no solo es un fenómeno de saqueo de recursos, sino que también se esfuerza por aislar herméticamente los centros de la humanidad superflua que el sistema produce en su agonía. De modo que la protección de las relativas islas del bienestar que aún subsisten constituye un momento central de las estrategias imperialistas, reforzando las medidas securitarias y de control que alimentan un autoritarismo en auge (Konicz, 2017: 187-188). Una buena muestra de ello es el endurecimiento de las leyes migratorias de la UE en las últimas décadas, que ha concluido con la aprobación del Pacto de Migración y Asilo, que institucionaliza la necropolítica migratoria europea. Un autoritarismo de la *escasez* que conecta perfectamente con la subjetividad del *no hay suficiente para todos* que décadas de *shock* neoliberal han construido entre grandes capas de la población. Este sentimiento de *escasez* está en el tuétano de la xenofobia y del chovinismo del bienestar que conecta perfectamente con el auge del autoritarismo neoliberal del *sálvese quien pueda* en la guerra de las y los penúltimos contra las y los últimos.

imperialismo en crisis del siglo XXI saqueo de recursos, aislar herméticamente los centros de la humanidad superflua que el sistema produce

De esta forma, al imaginario de las *invasiones bárbaras* **2/** de la Europa Fortaleza y su deriva autoritaria hay que añadirle la magnificación del peligro del nuevo imperialismo ruso, cuando ni siquiera éste es capaz de derrotar la legítima resistencia del pueblo ucraniano. Esta guerra se convierte así en un verdadero regalo de Putin a la UE para justificar un proyecto militarista que reforzará aún más el neoliberalismo autoritario europeo. Porque nada cohesiona y legitima más que un buen enemigo externo. *Europa está hoy más unida que nunca* es el nuevo mantra en los pasillos de Bruselas. Un mantra que se repite para alejar los fantasmas de crisis recientes y dar la imagen hacia el exterior de que no renuncia a seguir siendo una gran potencia pese a su innegable decadencia.

Un federalismo oligárquico

Por consiguiente, nos hallamos ante una nueva aplicación de la estrategia del *shock*, con tambores de guerra de fondo, que está siendo utilizada por las elites europeas para entrar en una nueva fase en la que se pretende reforzar un modelo de federalismo oligárquico y tecnocrático. Porque esto es lo que ha propuesto abiertamente el ex con-

2/ Los romanos utilizaban este término para designar a aquellos pueblos que habitaban fuera de sus fronteras.

sejero de Goldman Sachs, Mario Draghi, en su reciente informe por encargo de la presidenta de la Comisión Europea, Ursula von der Leyen: acelerar la puesta en pie de mecanismos de decisión conjunta de las instituciones europeas con el fin de favorecer la unión de los mercados de capitales de la UE y poder actuar en mejores condiciones dentro de la cada vez más intensa carrera de la *competitividad* con las otras grandes potencias, ya estén en declive o en ascenso, tras el final de la *globalización feliz*.

Se trata, por tanto, de que la *intergubernamentalidad* neoliberal permita dar nuevos pasos en la construcción de un mayor consenso entre los gobiernos de los Estados miembro y las élites burocráticas europeas (Comisión y Consejo) junto con los grupos de presión dominantes, manteniendo como hasta ahora la autonomía del Banco Central Europeo.

Todo ello en detrimento tanto del Parlamento europeo como de los parlamentos estatales y, por supuesto, del respeto a la soberanía de los distintos pueblos. Un proceso que se está viendo facilitado por el *habitus* del consenso que se ha ido estableciendo en la UE, en donde se trata de despolitizar las cuestiones que se abordan para reducirlas a meras *políticas sin política,* que no sólo no deben ser impugnadas en los marcos nacional-estatales, sino que son utilizadas como coartada para presentarlas como inevitables (Bouza y Oleart, 2023).

Es indudable que la pandemia de la covid-19 ha acrecentado nuestros temores e inseguridades, favoreciendo un proceso aún mayor de individualización y atomización social. De la misma forma que ha permitido experimentar nuevos mecanismos de control social y recorte de libertades que han favorecido esta fiebre macartista que hoy vemos crecer.

Pero sería un error considerar que la pandemia por sí sola explica esta situación o que todo comenzó en 2020. El caldo de cultivo son décadas de gobernanza neoliberal y sus crisis derivadas, que han fomentado una cultura política profundamente antidemocrática. Refleja la obsesión incesante del neoliberalismo por limitar las esferas y funciones sociales de los Estados, alineando la acción pública con los intereses de los actores de la economía privada, reemplazando la regulación y la distribución por la libertad de empresa y colocando los derechos de propiedad por encima de cualquier otro derecho fundamental, culminando todo esto en un auténtico ataque a la posibilidad de otra política dentro de la UE. Es esta antipolítica, basada en la vieja TINA (There Is No Alternative [No hay Alternativa]), la que está detrás del crecimiento del autoritarismo que está impregnando el conjunto del mapa político.

Este nuevo salto adelante se da justamente en momentos de crisis climática en los que la lucha por recursos escasos refuerza el despotismo de las elites por encima incluso de la democracia liberal. La incertidumbre y el miedo ante el futuro se manifiestan hoy con brotes xenófobos que cuestionan el derecho a tener derechos de todas las personas sin exclusión, con una gestión de la crisis ecológica en beneficio de una minoría y con la extensión del iliberalismo, que vacía la democracia hasta solo dejar su cascarón o, lo que es igual, el voto como ritual. Porque cuando dejan de funcionar los mecanismos de cohesión social y se constata la imposibilidad de mantener la bonanza aparente de las clases medias, se fortalece el cierre autoritario para mantener el orden. A la vez que se necesitan chivos expiatorios (algunas minorías, la población migrante, los movimientos feministas) hacia quienes canalizar el malestar de unas clases medias en declive para que la ira siempre mire hacia abajo. No se trata de una cuestión estrictamente novedosa, sino más bien de un fenómeno que se acelera y que evoluciona en paralelo al declive de la *belle époque* de la *globalización feliz*.

Este camino, una vez superado y derrotado el *momento populista* de izquierda del pasado decenio, ha ido acompañado de la tendencia a la configuración de un *extremo centro* en la mayoría de los sistemas de partidos, especialmente en los dos principales Estados de la UE –Francia y Alemania–, en un contexto de ascenso de las extremas derechas y de su creciente influencia en la agenda política, como ha quedado evidenciado con el nefasto e indignante Pacto Migratorio. Así es como se está extendiendo un autoritarismo posdemocrático en la UE y en sus Estados miembros, con fronteras cada vez más permeables entre regímenes liberales e iliberales. Un iliberalismo que se extiende como un proceso antidemocrático a escala global y que se está destapando como la fase superior del neoliberalismo.

Por tanto, no podemos sorprendernos de que la extrema derecha esté optando por la vía reformista dentro de la UE, teniendo en cuenta, como estamos viendo, que no cuestiona el marco neoliberal dominante. El buen trato que está recibiendo el gobierno de extrema derecha de Giorgia Meloni por parte de las élites europeas es una buena muestra de ello, contrastando, como recuerda Loren Balhorn (2024), con el que sufrió el gobierno de Syriza cuando llegó al gobierno en 2015. De hecho, una de las pocas novedades que ha aportado esta campaña electoral europea ha sido la opción abierta por la candidata del PPE a revalidar la presidencia del colegio de comisarios, Ursula von der Leyen, a pactar con una parte de la extrema derecha que representa el grupo de Conservadores y Reformistas Europeos (ECR), en donde se encuentran, entre otros partidos, Fratelli de Italia de Meloni, Vox o Ley y Justicia de Polonia. Esta es una buena muestra del rol protagónico que se le augura a la extrema derecha en la próxima legislatura, en donde serán una pieza clave para conseguir mayorías parlamentarias.

La *lepenización de los espíritus* es un hecho contrastado desde hace años. Hoy la extrema derecha marca la agenda y el supuesto centro la acata, ejecuta y normaliza

De este modo, queda desvelado el mito liberal según el cual el sarampión autoritario que vive actualmente Europa solo aqueja a Le Pen y sus similares. Hace años que Macron y buena parte de la gran coalición neoliberal europea se contagió del mismo virus. La *lepenización de los espíritus* es un hecho contrastado desde hace años. Hoy la extrema derecha marca la agenda y el supuesto centro la acata, ejecuta y normaliza cada vez más. Y no solo por mero convencimiento ideológico, sino por puro interés estratégico: en sociedades capitalistas atravesadas por múltiples y crecientes crisis e inestabilidades, el desarrollo creciente de la represión y la securización se vuelve un seguro de vida para las y los de arriba. Explorar y explotar los miedos e inseguridades para construir una ideología de la *seguridad* permite dotar de coherencia e identidad al proyecto neoliberal autoritario, promoviendo sociedades desestructuradas, fragmentadas y tensiones contenidas a partir de la exclusión y la expulsión de los sectores más vulnerables o disidentes: las clases peligrosas.

En fin, estamos asistiendo a una auténtica restauración de un capitalismo salvaje donde las leyes del mercado están por encima de los derechos sociales. Un intento, en definitiva, de suprimir lo que Marx llamó la posibilidad de "victorias de la economía política del trabajo" para naturalizar al máximo la economía política del capital. Todo ello combinado, como no podía ser de otra forma, con la exaltación de un Estado fuerte y de la disciplina social, con su consiguiente hostilidad hacia muchas formas de mediación social (sindicatos, organizaciones sociales, etc.) y la articulación de un discurso ligado a la idea del orden social. En este contexto, el derecho a la protesta o a la disidencia se considera un factor de inestabilidad que pone en riesgo los márgenes de ganancia del poder corporativo, por lo que la respuesta de la clase político-empresarial pasa por perfeccionar los modelos de criminalización. Y esto también afecta a quienes expresan en público opiniones diferentes al relato oficial. Un buen ejemplo de esta tendencia es la criminalización y beligerancia contra el movimiento de solidaridad con el pueblo palestino frente al genocidio que éste está sufriendo con la complicidad del bloque imperialista occidental.

El fin de la retórica europea de los derechos humanos y de la paz

En este sentido, el verdadero objetivo no es solo cancelar la solidaridad con la causa palestina, sino disciplinar a la población europea en torno a los intereses geoestratégicos y la creciente agresividad militar imperialista de sus élites. Quizás lo único positivo de esta retirada de caretas y bonitas palabras sea que, por fin, podremos enviar al basurero de la historia todos esos supuestos *valores europeos* y *mitos fundadores de paz* con los que machaca continuamente la maquinaria de propaganda de la UE.

Esa coincidencia creciente en los discursos securitarios y de *orden* aparece asociada a la retórica sobre la necesidad de aspirar a una *autonomía estratégica* que, en lo que se refiere a su política exterior, supone un aumento de la agresividad comercial, extractivista y neocolonial europea en la disputa por los recursos escasos en los que se enmarcan nuevos mecanismos de inversiones, como el Global Gateway. Un paquete de inversiones público-privadas que pretende movilizar 300.000 millones para intentar competir con el *Belt and Road* de China, esto es, la *Nueva Ruta de la Seda*. De esta forma, con el Global Gateway, la UE aspira a afianzar su papel en el orden mundial, contrarrestando el auge de la presencia china en todo el mundo, especialmente en los sectores relacionados con las infraestructuras y conexiones.

Una *autonomía estratégica* que es mucho más que una estrategia comercial o de inversiones: su propuesta concreta, recogida en el *Strategic Compass*, construye una visión de la defensa que no se basa en el mantenimiento de la paz, sino en proteger los intereses clave europeos, como la preservación de las *rutas comerciales* o el acceso a materias primas esenciales. A pesar de que ese documento marque los pasos de una mayor integración militar europea y la creación de un cuerpo de acción rápida europeo (posible germen del, ansiado por las elites, Ejercito europeo), deja claro que la Alianza Atlántica (o sea, la OTAN) "sigue siendo la base de la defensa colectiva de sus miembros" a la espera de cuál sea el desenlace de las próximas elecciones presidenciales en la vieja gran potencia hegemónica estadounidense.

En este contexto de creciente autoritarismo y militarismo, la Unión Europea sigue embarcada en una constante búsqueda de formas de legitimación democrática, especialmente tras la profunda crisis vivida, sobre todo en los países del Sur, a partir de la Gran Recesión de 2008. Así, esta legislatura comenzó respondiendo a las movilizaciones climáticas, especialmente de la juventud, con una gran campaña de *greenwashing*, declarando la emergencia climática y lanzando el llamado Pacto Verde europeo que ha naufragado en una frenética carrera militarista. Al Pacto Verde le han acompañado diferentes iniciativas promovidas desde arriba, como la Conferencia sobre el Futuro de Europa o los Paneles de Ciudadanos Europeos, que se han querido presentar como presuntos espacios de participación política. Pronto, sin embargo, han demostrado ser simples formas de *citizen-washing* despolitizadas y sin haber conseguido efecto práctico alguno (Oleart, 2023).

Ante un panorama como el que se anuncia, agravado por el retorno a unas *reglas fiscales* que anuncian la vuelta a la austeridad con nuevos recortes sociales, mientras aumentan vertiginosamente los presupuestos militares y una práctica renuncia a la lucha contra la crisis climática, no cabe optimismo alguno respecto a la actual capacidad de las izquierdas antineoliberales para hacerles frente en medio de la ola reaccionaria que estamos padeciendo, con mayor razón si nuestras respuestas siguen dándose sólo a escala de cada Estado. La experiencia de las movilizaciones rurales protagonizadas por los pequeños propietarios que se han ido extendiendo a distintos países europeos en los pasados meses y la rápida concesión a algunas de sus reivindicaciones por la Comisión Europea, aunque no sea ajena a ello la singularidad de este caso (Marco d'Eramo, 2024), debería servirnos de lección para crear las condiciones de un salto de escala, especialmente desde los sindicatos pero también desde los movimientos contra la crisis climática, buscando su articulación en luchas comunes.

Crear las condiciones de un salto de escala, desde los sindicatos pero también desde los movimientos contra la crisis climática

En este sentido, es fundamental constatar la fuerza que ha adquirido el movimiento solidario con Palestina en el conjunto de Europa, con movilizaciones muy destacadas en casi todos los países, pero sin haber conseguido hasta ahora construir una movilización coordinada a escala europea. Por tanto, tenemos como reto fundamental trabajar por generar dinámicas de protesta colectiva que retomen el testigo de las que el movimiento antiglobalización y los Foros Sociales Europeos protagonizaron en los primeros años de este siglo XXI, y que fueron fundamentales para construir un sólido movimiento transnacional contra la Guerra de Iraq.

De esta forma, sin despreciar la importancia de las elecciones de este mes de junio para, al menos, tratar de frenar la consolidación del proyecto actualmente hegemónico en la UE, las cartas en este momento ya están repartidas. Nuestro papel a partir de ahora deberá estar con aquellas fuerzas políticas y sociales dispuestas a trabajar por generar un amplio movimiento antimilitarista transnacional, contrario a cualquier imperialismo y solidario con todos los pueblos que los sufren, y que cuestione el proyecto de las elites de una remilitarización austeritaria de Europa, cogobernada entre el extremo centro y la ola reaccionaria. Será mediante la apertura de un nuevo ciclo de movilizaciones capaz de pasar desde la escala estatal a la europea como podremos modificar la actual relación de fuerzas adversa e ir creando las condiciones de una necesaria ruptura democrática, antineoliberal y anticolonial con esta Unión Europea.

Miguel Urbán y *Jaime Pastor* son miembros, respectivamente,
del Consejo Asesor y de la redacción de ***viento* sur**

Referencias

Balhorn, Loren (2024) "Unión Europea: Mercados dispuestos al combate", *sinpermiso*, 27/03/24.

Bouza, Luis y Oleart, Álvaro (2023) "La intergubernamentalidad neoliberal y la politización de la UE: la transformación de los campos políticos nacionales y los nuevos europeísmos", *Reis, Revista Española de Investigación Social*, 183, p. 320.

Dardot, Pierre (2021) "Regímenes políticos: neoliberalismo y autoritarismo", ***viento* sur** 03/05/2021, *https://vientosur.info/regimenes-politicos-neoliberalismo-y-autoritarismo/*

D'Eramo, Marco (2924) "La Europa profunda", *Sidecar, El Salto*, 26/03/24, *https://www.elsaltodiario.com/sidecar/europa-profunda-movilizacion-agricultura*

Konicz, Thomas (2017) *Ideologías de la crisis*. Madrid: Enclave.

Mair, Peter (2013) *Gobernando el vacío. La banalización de la democracia occidental.* Madrid: Alianza Editorial.

Oleart, Álvaro (2023) "*Democracy without politics?* Contesting the EU's conception of institutionalised citizen participation", *Der (europaische) Federalist*, 16/11/ 23, *https://www.foederalist.eu/2023/11/democracy-without-politics-citizen-participation.html.*

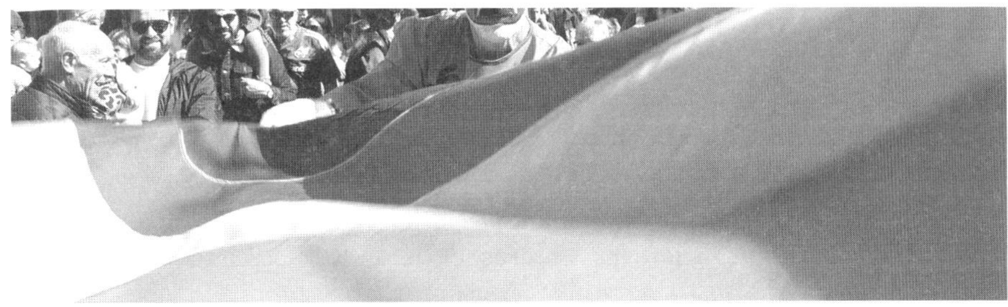

2. ¿*QUO VADIS* EUROPA?

Global Gateway: alianzas público-privadas para el control de fronteras y el extractivismo neocolonial

Pedro Ramiro y Erika González

■ La pandemia y la guerra han hecho saltar las costuras del proyecto europeo. La interrupción de las cadenas globales de valor y los cortes del suministro de energía y materiales han evidenciado las debilidades del metabolismo económico europeo. En medio de las crecientes tensiones geopolíticas y la aceleración de la emergencia climática, la Unión Europea se ha revelado como una potencia en declive, una región dependiente de los recursos provenientes del exterior y que solo puede mantener las ganancias de sus clases dominantes con el rescate permanente de los Estados miembro. En este marco, la salida de la crisis, entendiendo esta como una huida adelante del capitalismo para girar sobre su propio eje reforzando las relaciones de explotación y dominación, pasa por intensificar las transacciones comerciales con otros países y territorios.

"¡Acuerdo! El Consejo Europeo cumplió nuestras prioridades". Al término de la primera reunión del año de los máximos mandatarios europeos, la presidenta de la Comisión Europea celebraba así el consenso de la Unión en torno a los tres ejes centrales sobre los que va a pivotar su agenda en los próximos tiempos: "Apoyar a Ucrania. Luchar contra la migración ilegal. Apoyar la competitividad europea". Una versión actualizada de los pilares clásicos del proyecto europeo, orientado ahora con más fuerza hacia el reposicionamiento global de la UE: defensa, migraciones, comercio.

El capitalismo verde y digital, modelo para la recuperación capitalista post-pandémica, ha devenido en capitalismo verde oliva

El capitalismo verde y digital, modelo para la recuperación capitalista post-pandémica, ha devenido en capitalismo verde oliva **1/**. El refuerzo de la tríada militarización-fronteras-extractivismo dirige las políticas euro-

1/ Pedro Ramiro y Erika González, "La agenda progresista de la UE en el capitalismo verde y militar", ***viento* sur**, 187, 2023.

peas, que se despliegan internacionalmente a través de un renovado *pack* normativo con el que la UE trata de resituarse en el (des)concierto global. Junto al incremento de los presupuestos militares, la reindustrialización a través de la fabricación de armamento y el blindaje de la Europa fortaleza a través de la externalización de fronteras, la Unión Europea ha rediseñado sus instrumentos de *soft power* para proyectar sus intereses a nivel global. Ante la expansión comercial de China y el declive de la hegemonía estadounidense, "el *Global Gateway* está llamado a ser uno de los grandes sellos de identidad de la UE en su acción exterior", ha asegurado el presidente del gobierno español **2/**.

Reposicionamiento global

El reposicionamiento de la Unión Europea en el mundo se despliega en base a tres pilares fundamentales. Primero, una doctrina del *shock* militar, con la que se incrementan las inversiones públicas para la guerra y se reactiva la industria armamentística. Segundo, un reforzamiento de las fronteras exteriores de la Unión, con el que se niega el derecho a tener derechos a las personas migrantes que quieren llegar a Europa. Y, por último, una ofensiva extractivista neocolonial, que a través de acuerdos comerciales y partenariados estratégicos trata de capturar en terceros países los minerales imprescindibles para la transición de la UE al capitalismo verde y digital **3/**.

Estos tres pilares actúan de manera coordinada y se refuerzan mutuamente. Así, la militarización se conecta con el control de fronteras a través de instrumentos como Frontex, cuyo presupuesto aumentó el 55% entre 2019 y 2022. Y la deriva militarista también está relacionada con la ofensiva extractivista: la inclusión del titanio y el aluminio en la lista de materias primas estratégicas responde, sobre todo, a las presiones de los *lobbies* de la aeronáutica y la fabricación de armamento **4/**. Por su parte, el macroprograma de colaboración público-privada *Global Gateway* combina el eje comercial con el migratorio en buena parte de los acuerdos ya firmados.

"Estamos aquí para intensificar la asociación con Mauritania. Con inversiones del *Global Gateway* para la transición verde y digital. Y una mayor cooperación en materia de seguridad regional y migración", ha dicho Von der Leyen, acompañada de Pedro Sánchez, en una reciente visita al país africano. El paquete de 500 millones de euros anunciado por los dos líderes europeos en Nuakchot -210 millones de ayudas directas de la UE, 300 millones del Estado español repartidos en diferentes instrumentos financieros de apoyo al sector privado- tiene como objetivo fundamental el control migratorio, pero también la internacionalización de los negocios de las compañías energéticas. Lo llaman cooperación e inversión cuando quieren decir externalización (de

2/ "Pedro Sánchez destaca que el Global Gateway Forum está llamado a ser uno de los grandes sellos de identidad de la UE en su acción exterior", La Moncloa, 26/10/2023.

3/ Gonzalo Fernández, Erika González, Juan Hernández y Pedro Ramiro, *"Megaproyectos: claves de análisis y resistencia en el capitalismo verde y digital"*, OMAL, 2022.

4/ Olivier Petitjean y Lora Verheecke, "Blood on the Green Deal. How the EU is boosting the mining and defence industries in the name of climate action", Corporate Europe Observatory (CEO) y Observatoire des Multinationals, 2023.

fronteras), extracción (de materias primas) e internacionalización (de las grandes empresas españolas).

La agenda de inversiones *Global Gateway* y la nueva oleada de acuerdos comerciales que la UE ha impulsado en los dos últimos años –renovación de los tratados con Chile y México, conclusión del acuerdo con Mercosur, firma de partenariados estratégicos sobre materias primas con una decena de países– se ha diseñado con un claro objetivo: asegurar el acceso de las transnacionales europeas a los recursos minerales de estas regiones. La competencia global por posicionarse en los nuevos mercados *verdes y digitales*, frente a la imparable hegemonía de China, está en el origen de la velocidad de crucero con que la UE ha impulsado una batería de herramientas para garantizar una disponibilidad segura y abundante de estos minerales.

China, por su lado, ha puesto en marcha sus propias estrategias para crear las condiciones para el desarrollo de extensos corredores comerciales y de infraestructura, tanto para el acceso a materias primas como para la promoción de exportaciones. Estos corredores e infraestructuras atraviesan Eurasia y llegan a América Latina, legitimando su posición internacional a través de las políticas de cooperación y de un discurso alineado con Naciones Unidas. Es lo que se ha dado en llamar la nueva Ruta de la Seda.

La Unión Europea, por su parte, ha aprobado la *Nueva agenda para reforzar la asociación de la UE con América Latina y el Caribe* **5/**, incluyendo entre sus máximas prioridades el refuerzo de los intereses comerciales. Adornados, como viene siendo recurrente, con la retórica habitual sobre la transición verde y el fortalecimiento de la democracia y la paz. En palabras de Pedro Sánchez: "La prosperidad requiere inversión, también comercio", así que de lo que se trata es de "modernizar nuestra red de acuerdos y continuar impulsando nuestras relaciones comerciales de cara a establecer cadenas de valor más robustas, sostenibles y resilientes" **6/**.

Para asegurarse el acceso a los recursos energéticos y materiales, de la mano de esta agenda renovada, la UE ha aprobado por vía de urgencia el reglamento de materias primas críticas. A la vez, ha blindado los acuerdos de comercio e inversión con los países que poseen yacimientos de estos minerales, tanto impulsando la actualización de los tratados caducados como promoviendo la firma de partenariados estratégicos. Y ha puesto en marcha un programa de alianzas público-privadas para el desarrollo de los negocios empresariales relacionados con el capitalismo verde y digital, que es al fin y al cabo lo que significa el *Global Gateway*.

"Lo que el *Global Gateway* aspira a trasladar son los valores europeos, en un momento en el que estos son más necesarios que nunca", ha insistido Sánchez **7/**. En el enésimo intento por recuperar el relato que presenta a la

5/ Comisión Europea, *Una nueva agenda para las relaciones entre la UE y América Latina y el Caribe*, Bruselas, 7/06/2023.

6/ "Discurso del presidente del Gobierno, Pedro Sánchez, en la cumbre UE-CELAC", Presidencia española del Consejo de la UE, 17/07/2023.

7/ "Intervención del presidente de Gobierno en funciones, Pedro Sánchez, en el acto de clausura del Global Gateway Forum", La Moncloa, 26/10/2023.

Unión Europea como la cara amable de la globalización capitalista, las políticas comerciales europeas se acompañan de iniciativas de autorregulación empresarial como la recién aprobada directiva de diligencia debida. Al tiempo que se van desarrollando tecnificaciones jurídicas que en ningún caso implican la creación de nuevas obligaciones directas de carácter extraterritorial **8/**, se hace bandera de los *valores europeos* como sostén de la acción exterior de la UE.

Valores y *business*

Cuatro son los mitos sobre los que se asienta la narrativa actual de la Unión Europea. Afirmados en torno a una supuesta identidad compartida y en contraposición con el resto de potencias/bloques regionales, los *valores europeos* se articulan en torno a las ideas de modernidad, progreso y crecimiento. La paz y la cohesión social, la resiliencia y la democracia, la transformación verde y digital, y la salida progresista de la crisis se presentan como los pilares de la reconstrucción de Europa tras la pandemia y la guerra.

Frente al primero de esos mitos, el hecho es que la UE está recrudeciendo el régimen de guerra y fomentando un proceso de recomposición capitalista en base a la militarización. La paz y la cohesión social, en la práctica, se siguen reconstruyendo a partir del expolio y la destrucción de otros pueblos y territorios. "Si queremos la paz, debemos prepararnos para la guerra", ha afirmado el presidente del Consejo Europeo, marcando la línea a seguir: "Debemos pasar a una *economía de guerra*. Ha llegado el momento de asumir la responsabilidad por nuestra propia seguridad" **9/**. *Economía de guerra* ya no es sólo la metáfora utilizada en los tiempos del covid para justificar la intervención del Estado en la economía, ahora opera en sentido literal.

En segundo lugar, la noción de resiliencia pasa por el blindaje de la Europa fortaleza para negar los derechos de ciudadanía a quienes hayan nacido fuera de las fronteras de la Unión. En el necrocapitalismo se deja abandonadas –o se empuja a morir– a todas las personas que no resultan funcionales a los mecanismos habituales de extracción de riqueza **10/**. Al mismo tiempo, la que se considera la cuna de la democracia y la civilización occidental está promoviendo un cierre autoritario que restringe el derecho a tener derechos y criminaliza el derecho a la protesta. Un estado de excepción permanente donde la lógica de acumulación prevalece sobre los derechos humanos.

La tantas veces citada transición verde y digital, que para las instituciones que nos gobiernan no es tanto una transición ecológica como energética, siempre está guiada por criterios de mercado, se fundamenta en una ofensiva extractivista neocolonial. Bajo el paraguas de los acuerdos *win-win*, los intereses europeos se despliegan gracias a tratados de inversión que nunca

8/ Erika González, Juan Hernández Zubizarreta, Pedro Ramiro y Miguel Urbán, "Diligencia debida, nada que celebrar", *Público*, 24/04/2024.

9/ Charles Michel, "Si queremos la paz, debemos prepararnos para la guerra", *El País*, 19/03/2024.

10/ Juan Hernández Zubizarreta y Pedro Ramiro, "Salir del necrocapitalismo: los derechos humanos frente al poder corporativo", ***viento sur***, 182, 2022.

son realmente de *libre comercio*. Más bien, lo que vienen a reproducir es el *modus operandi* habitual de la globalización capitalista desde los orígenes del proyecto europeo: mientras se prometen todo tipo de beneficios sociales, laborales y ambientales para los países con los que se firman los acuerdos, estos no solo no terminan por llegar a quienes iban a ser sus destinatarios, sino que, finalmente, les son devueltos en forma de impactos socioecológicos.

Aprendiendo de sus propios errores, en último término, la Unión Europea no está promoviendo una salida de la crisis al estilo de 2008, con la austeridad como eje central. Los Estados centrales de la Unión ya no tienen la capacidad de imponer la disciplina fiscal a todos los países de la periferia europea. Eso no significa que hayan dejado de hacerse contrarreformas y que la masiva intervención de los Estados para rescatar las economías europeas esté exenta de condicionalidad; las reformas del mercado laboral y del sistema de pensiones, así como la reforma del marco fiscal europeo, dan fe de ello. Pero los grandes poderes económicos financieros están haciendo todo lo posible para no cargar masivamente los costes de la crisis sobre los hombros de la mayoría de la población, sino sobre los presupuestos públicos (vía deuda). La pregunta es hasta cuándo van a poder seguir haciendo lo segundo sin tocar lo primero.

Autonomía, seguridad y soberanía

En un contexto de disputas geopolíticas, avance del caos climático y profundización de las desigualdades sociales, la narrativa del relato impuesto por la UE se justifica en base a una tripleta de ideas-fuerza. En primer lugar, para reforzar su apuesta militarista y disfrazar su seguidismo de Estados Unidos, autonomía estratégica. A continuación, para dar estabilidad a las clases medias europeas y reforzar la imagen de las personas migrantes como el enemigo a batir, seguridad. Y después, para redefinir su posición en las cadenas de valor globales frente a Rusia y China, soberanía. Todo ello, para diferenciarse de los demás bloques geopolíticos y rescatar –aparentemente, si no véase el lamentable papel que ha jugado la UE en el genocidio de Gaza– el derecho internacional, atravesado por el mantra de los *valores europeos*.

La autonomía estratégica, concepto-fetiche omnipresente en el discurso del reposicionamiento global de la UE, lleva básicamente a redoblar la apuesta militarista. Tradicionalmente vinculada al campo de lo militar, a esta idea se le ha añadido el adjetivo *abierta* para tratar de abarcar otras cuestiones además de las relativas a las políticas de defensa. "Significa cooperar multilateralmente en lo que podamos, y actuar de manera autónoma en lo que sea necesario", ha remarcado la Comisión Europea.

Con la redefinición de la autonomía estratégica abierta, según un informe publicado en el semestre de presidencia española del Consejo de la UE (julio-diciembre de 2023) por la Oficina Nacional de Prospectiva y Estrategia, se trata de "encontrar un nuevo equilibrio entre resistencia y competitividad, así como entre asertividad y cooperación basada en normas, que permita a la UE hacer frente a sus vulnerabilidades económicas y mantener al mismo tiempo su papel como actor global". Para ello, se impulsan "importantes medidas reglamentarias, fiscales y estructurales destinadas a proteger el mercado único de injerencias extranjeras y prácticas depredadoras, garantizar la seguridad de abastecimiento y el liderazgo tecnológico de la UE en sectores sensibles y reforzar su influencia comercial y política en el mundo" **11/**.

Vinculada ahora pues, sobre el papel, mucho más al campo de la economía política que al ámbito militar, la Unión Europea recurre a la autonomía estratégica para reforzar el control de fronteras, materias primas y rutas comerciales. Al tiempo que se disimula el seguidismo de la OTAN y, mientras las fotos y las declaraciones de las cumbres europeas sobre la necesidad de respetar un "orden internacional basado en normas" cogen polvo rápidamente en un cajón, avanza la profundización de la dinámica militarista en la UE. Y todo ello se relaciona con una reconceptualización de la idea de seguridad.

Las crecientes políticas autoritarias, disciplinarias y represoras de los Estados se fundamentan en emplear la lógica securitaria como base de cualquier consideración económica, política o social, orbitando las posibles medidas en torno a la centralidad de la cuestión represiva. Así, por parte de élites políticas y económicas, tanto a través del discurso como a través de las prácticas cotidianas, se califica a colectivos o a conductas como amenazas a la seguridad. Valga decir, siguiendo a los autores de *Metropolice,* que

> "la elasticidad de la idea de seguridad provoca que cualquier malestar pueda ser nombrado como inseguridad y que, consecuentemente, cualquier manifestación que suponga una alteración material y simbólica de un determinado orden incorporado como *natural* o legítimo entre en la categoría de delincuencia" **12/**.

Dar por buena la justificación del derecho a la defensa que está haciendo Israel abre la puerta para que el fascismo continúe fortaleciéndose en nuestras sociedades

Vivimos una doctrina del *shock* securitaria que criminaliza la protesta **13/** desde Alemania hasta el Reino Unido, que pretende ilegalizar partidos de izquierda en Francia y que prepara el terreno para volverse contra la población migrante. Al dar por buena la justificación del *derecho a la defensa* que está haciendo el Estado de Israel (con el apoyo de la UE), se abre la puerta para que el fascismo continúe fortaleciéndose en nuestras socieda-

11/ Oficina Nacional de Prospectiva y Estrategia, *Resilient 2030. A future-oriented approach to reinforce the EU's Open Strategic Autonomy and Global Leadership,* Gobierno de España, 2023.

12/ Sergio García, Ignacio Mendiola, Débora Ávila, Laurent Bonelli, José Ángel Brandariz, Cristina Fernández y Manuel Maroto, *Metropolice. Seguridad y policía en la ciudad neoliberal,* Madrid: Traficantes de Sueños, 2021, p. 39.

13/ Juan Hernández Zubizarreta, Erika González y Pedro Ramiro, *Criminalización del derecho a la protesta: patrones, actores e instrumentos,* OMAL, 2022.

des. La extrema derecha ya ha elegido enemigo para el cierre autoritario que tenemos encima. “Cada vez que los políticos burgueses levantaron la consigna del europeísmo, de la unión de los Estados europeos, lo hicieron con el objetivo implícito o explícito de dirigirla contra el *peligro amarillo*, el *continente negro*, contra las *razas inferiores*”, escribió Rosa Luxemburgo a principios del siglo pasado **14/**.

Al mismo tiempo, la noción de seguridad se ha ensanchado más allá del enemigo interno: el aviso del peligro inminente de un ataque de Rusia (con la amenaza nuclear siempre presente) dentro de las fronteras de la Unión Europea ha servido para justificar la profundización acelerada de la deriva militarista. Más allá del debate sobre el riesgo real de guerra con Rusia, por ahora esto supone que la deriva militarista de la UE avanza con el aumento de gastos militares y nuevos mecanismos para inyectar fondos a los fabricantes de armas **15/**.

Seguridad en el suministro de energía y materiales, más aún con la guerra de Ucrania, es la última derivada de este concepto polisémico que pretende servir para garantizar el metabolismo económico europeo. Además de a la vertiente policial-militar, “debe darse la misma prioridad a la seguridad económica, que es donde residen los mayores retos, pero también las mayores oportunidades para la UE durante esta década”, se lee en el informe *Resilient 2030* elaborado por el gobierno español. En el mismo, más adelante, se recupera la ya clásica doctrina de seguridad jurídica para las grandes empresas: “El mercado único debe contar con un marco jurídico común, claro y coherente que fomente las actividades transfronterizas, permita a las industrias europeas innovadoras crecer y genere seguridad jurídica para las inversiones”.

Para completar el análisis de las ideas fuerza que atraviesan el discurso pro-*business* de la UE, llama la atención la insistencia en el concepto de soberanía. En la Europa posterior a la guerra de Ucrania, soberanía quiere decir apuntalar el funcionamiento del sistema económico ante los cortes del suministro de gas desde Rusia. Es decir, la UE se autodefine como soberana si *únicamente* depende de los combustibles fósiles de las petromonarquías del golfo Pérsico y de una treintena de minerales críticos de los que apenas hay yacimientos en territorio europeo. Justamente esto es lo que, frente a China, pretende garantizarse con el impulso renovado de los tratados comerciales.

“Materias primas fundamentales: garantizar el suministro y la soberanía de la UE”. El titular del comunicado de prensa **16/** que publicó el Parlamento Europeo el mismo día que se aprobó en la eurocámara el reglamento de materias primas críticas habla por sí solo. “Hemos marcado el rumbo hacia la soberanía y la competitividad europeas”, remarcó el ponente de la normativa europea. Pero el escenario factible que se plantea la Unión es el de contar con

14/ Rosa Luxemburg, *Utopías pacifistas*, 1911.
15/ Pablo Elorduy, “Los halcones preparan el escenario de guerra y la industria armamentística recibe el mensaje con euforia”, *El Salto*, 6/03/2024.
16/ Parlamento Europeo, “Materias primas fundamentales: garantizar el suministro y la soberanía de la UE”, Nota de prensa, 14/09/2023.

apenas el 10% de los minerales fundamentales extraídos dentro de sus propias fronteras. “Estos materiales juegan un papel esencial para las transiciones ecológica y digital de la UE, y garantizar su suministro es crucial para la resiliencia económica, el liderazgo tecnológico y la autonomía estratégica”, continúa la nota del Europarlamento, asumiendo los postulados neocoloniales de la lógica extractivista.

Algo similar ocurre con la política de reindustrialización. En la Declaración de Amberes, impulsada hace unos meses por la presidenta de la Comisión Europea junto a setenta líderes empresariales, se dice que “sin una política industrial específica, Europa corre el riesgo de volverse dependiente incluso de productos básicos y químicos. Europa no puede permitirse el lujo de que esto suceda” **17/**. Presentada en la sede de BASF, esta declaración insiste en que “una autonomía estratégica abierta para una UE competitiva y resiliente es crucial para la transición de Europa en un panorama geopolítico en constante cambio. Sin embargo, sólo podrá lograrse si también las industrias básicas y de uso intensivo de energía permanecen e invierten en Europa”.

Alianzas público-privadas

El modelo de alianzas público-privadas vuelve a ser el elegido para la internacionalización de las grandes empresas europeas. Una colaboración *win-win* en la que, siempre en base a la doctrina oficial, la inversión extranjera se despliega de la mano de la creación de empleo, la transferencia tecnológica y el bienestar para las poblaciones en las que se implanta, a la vez que redunda en dividendos para las transnacionales europeas y recursos para sostener el metabolismo económico de la UE. Sobre estos fundamentos se sostiene el *Global Gateway*, presentado por la Comisión Europea como una contribución al reto de favorecer “la construcción de infraestructuras sostenibles con el apoyo, las capacidades y la financiación necesarios para su funcionamiento”.

Los sectores que abarca este macroprograma, para sorpresa de absolutamente nadie, coinciden con los principales nichos de negocio de las grandes corporaciones europeas: energías renovables e hidrógeno verde, materias primas, descarbonización e infraestructuras de transporte, conectividad y digitalización de servicios públicos, gestión forestal, productos sanitarios, educación, finanzas. No es de extrañar que esta alianza disponga de un consejo asesor con presencia de las grandes transnacionales, entre ellas las compañías españolas Acciona, Iberdrola, Mondragón y Telefónica. Así mismo se han sumado asociaciones empresariales como Business Europe, agencias de cooperación como la AECID y entidades de crédito y financiación, como es el caso del Banco Europeo de Inversiones y CESCE.

Según las instituciones europeas esta estrategia, que pretende movilizar hasta 300.000 millones de euros entre financiación pública y privada, crea “oportunidades para que el sector privado de los Estados miembro de la UE invierta y siga siendo competitivo”. Y a su vez, intenta legitimarse en la arena internacional sumando proyec-

17/ “The Antwerp Declaration for a European Industrial Deal”, febrero de 2024.

tos de salud, educación e investigación en consonancia con las metas oficiales de desarrollo y la Agenda 2030. Las garantías que proporciona el programa se utilizarán para potenciar la inversión privada en colaboración con el BEI y otras instituciones financieras, como el Banco Europeo de Reconstrucción y Desarrollo. Junto a este *pack* de herramientas financieras, la UE está analizando la posibilidad de crear un sistema europeo de créditos a la exportación.

El primer Foro *Global Gateway*, celebrado en Bruselas en octubre del año pasado, contó con la presencia de líderes gubernamentales de todo el mundo y se centró en la promoción de iniciativas de colaboración público-privada en los ámbitos citados. Según la Comisión Europea, en 2023 se pusieron en marcha noventa proyectos en todo el mundo en los sectores de la energía, el transporte y la digitalización.

El primer monto importante de inversiones enmarcadas en el *Global Gateway* ha sido destinado a África, con 150.000 millones de euros. El presupuesto se traduce en proyectos en 32 países africanos. Desde el Magreb, donde se impulsa un plan económico y de inversión que abarca la transición energética y el control de la migración, hasta los países de África Occidental, donde se busca desarrollar uno de los corredores estratégicos de transporte planificados para incrementar la conexión comercial entre esta región y la UE. Asociados a estos corredores comerciales se multiplican los proyectos de construcción y renovación de las infraestructuras de transporte comercial, así como los vinculados a energías renovables y adaptación al cambio climático.

Por lo que se refiere a América Latina y el Caribe, Von der Leyen ya ha anunciado una inversión de 45.000 millones de euros. Los proyectos en marcha están relacionados con la extracción y las cadenas de valor de minerales críticos en Chile, Argentina, Brasil y Bolivia. Mercosur y Chile reflejan la apuesta europea por rediseñar las piezas para consolidar la estructura jurídica y política que asegure el acceso a las materias primas esenciales para sostener el capitalismo verde y digital. El primero, a través del acuerdo de comercio e inversión que se viene negociando desde hace más de veinte años; el segundo, con el acuerdo marco de asociación y el memorándum de entendimiento para las cadenas de suministro de minerales fundamentales. Que, en ambos casos, se complementan con el avance efectivo de proyectos extractivos impulsados a través de este mismo programa de alianzas público-privadas.

La lógica neocolonial es manifiesta para pensar que pudiera representar algún avance en el freno a las violaciones de derechos humanos y los conflictos ecosociales

El elemento diferenciador que presenta la UE, comparado con el resto de potencias que tienen planes similares como China con su Ruta de la Seda, es su (supuesta) imagen democrática y de respeto ambiental. Pero esta cuestión queda en evidencia al revisar el tipo de iniciativas que tiene en cartera: en

América Latina el 80% de los proyectos se concentra en las infraestructuras energéticas, donde las compañías europeas tienen mayor potencial de ampliación de mercados, y en la cadena de suministro de materias primas fundamentales como el litio, clave en la expansión de los megaproyectos extractivos. La lógica neocolonial es manifiesta y carece de los mínimos elementos para pensar que pudiera representar algún avance en el freno a las violaciones de derechos humanos y los conflictos ecosociales asociados al extractivismo y las grandes infraestructuras.

¿Salir de la crisis?

El *Global Gateway,* al fin y al cabo, no es sino una pieza más del puzle normativo que está tratando de armar la Unión Europea para fortalecer la defensa de sus intereses geoestratégicos. Una de las más relevantes, eso sí, ya que combina actuaciones importantes en varios de los pilares fundamentales de la acción exterior de la UE, del control migratorio a las relaciones comerciales. Y es una iniciativa que allana el terreno para el continuo rescate de las grandes empresas europeas, no tanto por el monto de los proyectos seleccionados (que también) como por impulsar los sectores prioritarios para el avance del capitalismo verde y digital que, a su vez, van a ser apoyados por los Estados a través de múltiples mecanismos político-económicos. De la misma manera que los fondos *Next Generation* fueron el principal instrumento impulsado por la UE para la recuperación económica después de la pandemia, la estrategia de inversiones *Global Gateway* se constituye como el elemento distintivo para la *salida de la crisis* tras la guerra de Ucrania.

Como recoge el borrador del libro informativo de la Dirección General de Asociaciones Internacionales de la UE, que se hizo público hace unas semanas y traza las orientaciones fundamentales del *Global Gateway* para el próximo periodo legislativo, esta estrategia debería promover una “combinación de políticas impulsada más por el interés económico y menos por enfoques de política exterior y de desarrollo más tradicionales y estrechos” **18/**. Para ello, se insiste desde las instituciones europeas, habrían de redoblarse las alianzas con el sector empresarial, la banca y las instituciones financieras. A pesar de la retórica verde de los dirigentes de la Unión, los objetivos de negocio y las urgencias macroeconómicas han pasado por encima de las posibles preocupaciones sobre los derechos humanos y el medio ambiente.

Frente a este avance del enfoque privatizador en la cooperación internacional, se vuelve estratégico repensar y reconstruir un nuevo internacionalismo

Frente a este avance del enfoque privatizador en la cooperación internacional, se vuelve estratégico repensar y reconstruir un nuevo interna-

18/ Àlex Guillamón, “Unión Europea: malos tiempos para los derechos humanos”, *El Salto,* 30/04/2024.

cionalismo que enfrente el engranaje jurídico, político y empresarial de esta huida hacia adelante del capitalismo en crisis permanente. Aunque ahora pueda encontrarse en un momento de repliegue, sigue siendo clave una solidaridad internacionalista que articule las comunidades en lucha y los pueblos en resistencia para enfrentar el orden capitalista, heteropatriarcal, colonial y ecocida. La única salida justa de la crisis será con las personas y los colectivos que defienden sus territorios frente al poder corporativo, fortaleciendo propuestas alternativas y redes contrahegemónicas transnacionales que exijan y hagan efectivos los derechos de las mayorías sociales.

Pedro Ramiro y *Erika González* son investigadores del Observatorio de Multinacionales en América Latina (OMAL)-Paz con Dignidad.

3. ¿*QUO VADIS* EUROPA?

Pacto migratorio. La deriva de seguridad que caracteriza a las políticas europeas de migración y asilo

Sara Prestianni

■ La novena legislatura del Parlamento europeo que termina el 9 de junio de 2024, más aún que las precedentes, ha estado marcada por una preocupante aceleración de medidas legislativas sobre migración y asilo con un enfoque en el que predomina la seguridad en detrimento de la lógica de acogida e integración. Una perspectiva de seguridad que ha guiado la negociación del Pacto Europeo Migración y Asilo adoptado el 10 de abril de 2024 en la sesión plenaria del Parlamento en Bruselas, como también la política de subcontratación, reforzada con la firma de acuerdos con Túnez en marzo de 2023, con Egipto en abril de 2024 y con Líbano el 2 de mayo de 2024. Las consecuencias de ello, en términos de violaciones de derechos fundamentales, no harán sino empeorar el ya dramático trato de personas migrantes y refugiadas sobre el terreno, tanto en Europa como en las fronteras exteriores. Además, esta política amenaza con legitimar un régimen autoritario impactando negativamente en la política exterior, conduciendo al desprecio de los tratados europeos y los valores fundacionales de la Unión Europea, tales como los derechos humanos, la democracia y el Estado de derecho. Principios burlados por la decisión de apoyar regímenes autoritarios a cambio de que reduzcan la salida de migrantes y dar entrada a una lógica de chantaje a ambas orillas del Mediterráneo.

Una política que estrecha el espacio de asilo y protección, levanta muros aún más altos alrededor de Europa y no hace sino causar un trágico aumento del número de migrantes desaparecidos y muertos en el mar Mediterráneo. Una hecatombe que se viene produciendo desde hace varios años como consecuencia directa de estas mismas políticas.

El Pacto Europeo sobre Migración y Asilo

El 18 y 19 de diciembre de 2023, con el voto de la Comisión de Libertades Civiles, Justicia y Asuntos de Interior (LIBE), como también el 10 de abril en su sesión plenaria, el Parlamento europeo ha decidido aliarse con la posición del Consejo Europeo, adoptando una reforma legislativa que impacta negativamente en la legislación de asilo, ya muy debilitada en términos de garantía de los derechos fundamentales. Con esta legislación, las instituciones europeas no hacen más que elevar a norma las violaciones de derechos humanos ya practicados por los Estados: devoluciones, suspensión de asilo en caso de *crisis* autodeclarada (como lo ha hecho recientemente Chipre con las y los refugiados sirios), multiplicación de las detenciones a la llegada, como lo practicado en las Islas Canarias desde 2021, la utilización del concepto de tercer país y de origen seguro, procedimiento de asilo acelerado, como sucede con quienes desembarcan en Italia desde la llegada al poder de Giorgia Meloni.

Las instituciones europeas no hacen más que elevar a norma las violaciones de derechos humanos ya practicados por los Estados

Frente a la presión aplastante ejercida por el Consejo Europeo y la Comisión, el Parlamento se ha visto obligado a ceder en ciertos asuntos clave con el solo objetivo de encontrar un acuerdo, sin tomar en consideración el impacto de su futura aplicación sobre el terreno. Está claro que los Estados miembros no estaban dispuestos a modificar su posición; el resultado del voto en diciembre en la Comisión de Libertad (LIBE) y el 11 de abril en la sesión plenaria del Parlamento son, en consecuencia, la propuesta de la Comisión Europea para 2020 agravada por las enmiendas del Consejo.

Tomados en su conjunto, los reglamentos inaugurarán un nuevo sistema de *gestión de las migraciones* en la Unión Europea, que se caracterizará por medidas que empeorarán la ya dramática situación sobre el terreno:

● Detención *de facto* en las fronteras, sin exención para las familias con niños o niñas de todas las edades, procedimientos acelerados y un régimen inferior de las normas de evaluación de las solicitudes de asilo en lugar de evaluaciones completas y justas, y con el énfasis puesto en procedimientos de retorno con reducción de garantías.

● Amontonamiento cada vez mayor de personas solicitantes de asilo en procedimientos fronterizos que, a causa de la *ficción jurídica de no entrada*, no serán consideradas como ubicadas en el territorio de la Unión Europea, lo que conlleva una disminución de garantías y aumentará el riesgo de violaciones de los derechos humanos y de devoluciones sistemáticas. Incluso los niños y niñas no acompañados pueden ser retenidos en el marco de procedimientos fronterizos cuando las autoridades nacionales consideren que representan "un peligro para la seguridad nacional o el orden público". Además, la experiencia ha mostrado que el hecho de acumular un gran número de personas en zonas fronterizas durante períodos de tiempo largos entraña una sobrepoblación crónica y en condiciones inhumanas, como la que se vio en las islas del mar Egeo.

● Merced al ensanchamiento del principio de *país tercero seguro*, las personas que soliciten asilo serán declaradas no admisibles y, cada vez más, expulsadas hacia países fuera de la UE sobre la base de un vínculo extensamente definido con esos países, lo que acrecienta el peligro de devoluciones sistemáticas. En el pasado, esto se tradujo en la desgracia de acuerdos tales como el acuerdo UE-Turquía, que ha externalizado la tramitación de las solicitudes de asilo a terceros países, así como en retornos forzosos hacia Túnez, considerado un país seguro por Italia.

Son nuevos instrumentos legislativos que, visto el uso recurrente a la detención, van a ser difíciles de aplicar y que caminan en la dirección de empujar a los Estados miembros a encontrar soluciones para escabullir sus obligaciones: como la decisión de Italia de territorializar el control y la retención en territorio albanés. Una operación extremadamente costosa que amenaza con burlar aún más los derechos y reducir el espacio de una supervisión independiente de estos procedimientos.

Si anticipamos su puesta en marcha, el primer acuerdo sobre suelo europeo será representado por un procedimiento de 7 días –el reglamento del control– que, *de facto*, retendrá a quienes lleguen con el objeto de examinarles y clasificarles conforme a procedimientos fronterizos regulares o acelerados según el tratamiento de sus solicitudes de asilo. Se ha introducido la ficción jurídica de no entrada, lo que significa que toda persona que es objeto de un control en un centro no será considerada como ubicada legalmente en el territorio de los Estados miembros. Una réplica del modelo *zona de espera* francesa a escala europea, confirmada por el hecho de que, dado que las personas deben permanecer en los centros a disposición de las autoridades, *de facto*, serán detenidas.

Después de un primer procedimiento de control, las personas serán derivadas hacia el *procedimiento fronterizo regular* o hacia *procedimientos fronterizos acelerados*. En el marco de estos últimos, las solicitudes serán evaluadas en un plazo de 12 semanas, con la posibilidad de devolver directamente a las personas hacia *terceros países seguros*. Con el objeto de acelerar los envíos hacia esos *terceros países seguros*, se tomarán en cuenta una lista de la EU y las listas nacionales de tales países. Pese a que solo seis países de los 27 Estados miembros de la UE recurren actualmente al concepto de *país tercero seguro*, esta práctica se multiplicará con el objeto de justificar retornos rápidos. Las solicitudes serán juzgadas no admisibles si la persona tiene algún vínculo con un *país tercero seguro*, lo que implica limitaciones geográficas inquietantes: una parte del territorio de un país puede ser considerado como seguro, incluso si el país en su conjunto no lo es, tal como a menudo se ha visto hacer con Damasco y Siria en el intento de devolver personas refugiadas sirias.

El nuevo *Reglamento relativo a la gestión del asilo y la migración* define al Estado miembro como responsable de la evaluación de una solicitud individual de protección internacional y de la tramitación de la solidaridad en materia de *gestión de las migraciones* en el conjunto de la UE. Presentado como una reforma del fallido sistema de Dublín, la propuesta final no ofrece solución alguna y solidifica los problemas existentes. El país de primera llegada será responsable de la mayor parte de las solicitudes, los demás países dispondrán de más tiempo para las devoluciones de solicitantes de asilo, y el procedimiento se facilitará sin necesidad del acuerdo del país de primera llegada. Contrariamente a lo que ha sido establecido por el Tribunal de Justicia de la Unión Europa, los niños y niñas también podrán ser devueltos allí donde han sido registrados la primera vez. En lo relativo a la solidaridad entre los Estados miembros y la *distribución equitativa* de solicitantes, hay tres formas diferentes de solidaridad que tienen el mismo valor: la reubicación de las personas, el envío de fondos a los Estados miembros situados en primera línea o el envío de fondos a países terceros.

El *Reglamento sobre las crisis* trata de los momentos de crisis en el seno de la UE, tales como *una llegada masiva de personas*, excepcional o inesperada, a determinados puestos fronterizos. Tres escenarios de *crisis* se han sustanciado: fuerza mayor, llegadas masivas e instrumentalización.

Los Estados miembros estarán en el corazón de la estructura de gobierno en estas situaciones, pero no hay reubicación obligatoria alguna para el Estado miembro afectado hacia otros Estados miembros en tiempos de *crisis*. Lo más inquietante es la inclusión, en el último minuto, del concepto de “situaciones de instrumentalización” en el acuerdo final. La definición de “instrumentalización” es suficientemente extensa para traer aparejadas exenciones importantes en una serie de situaciones:

“Una situación de instrumentalización cuando un tercer país o un actor no estatal hostil alienta o facilita el movimiento de nacionales de países terceros y de apátridas hacia las fronteras exteriores o hacia un Estado miembro con el fin de desestabilizar a la Unión o a un Estado miembro, cuando estas acciones son susceptibles de poner en peligro las funciones esenciales de un Estado miembro, incluido el mantenimiento del orden público o la salvaguarda de la seguridad nacional".

El mandato del Consejo incluye a los actores no estatales hostiles en tanto que agentes potenciales de "instrumentalización". Las ONG no están protegidas, salvo si pueden probar que sus acciones no tienen por objeto desestabilizar al Estado miembro. Esto podría entrañar repercusiones peligrosas de criminalización de la solidaridad.

La sociedad civil y los organismos de defensa de los derechos humanos han certificado regularmente violaciones sistemáticas de los derechos fundamentales de personas en busca de seguridad o de medios de subsistencia, en particular de las comunidades racializadas, rechazando su acceso a refugios, servicios y asilo y recurriendo a devoluciones masivas. Todo esto, al secundar políticas que buscan criminalizar el movimiento en su conjunto, contribuye a la reducción del espacio cívico. La Comisión presentó el nuevo pacto como una *solución* a las normas desiguales en la aplicación de un régimen de asilo europeo común en los Estados miembros. Sin embargo, el pacto no hace nada por remediar esta situación ni por sostener a los Estados miembros que reciben un gran número de llegadas en sus fronteras exteriores. El principio del *primer país de entrada* sigue vigente y no habrá reubicación obligatoria de las personas rescatadas gracias a las misiones de búsqueda y salvamento –una iniciativa que habría podido aportar soluciones humanas y duraderas gracias a la distribución proporcional de solicitantes de asilo en toda Europa–. En lugar de eso, los Estados miembros que no reciben directamente a los solicitantes pueden evitar la corresponsabilidad financiando la fortificación de las fronteras y las instalaciones de detención de inmigrantes en los Estados miembros fronterizos o financiando *proyectos* dudosos en los países no miembros de la UE.

El Comisario Schinas, con ocasión del Pacto Europeo sobre Migración y Asilo, definió la política de subcontratación como la base de esta reforma legislativa

Refuerzo de las políticas de externalización

En septiembre de 2023, el Comisario Schinas, con ocasión de la presentación del Pacto Europeo sobre Migración y Asilo, definió la política de subcontratación como la base de esta reforma legislativa. Esto se muestra evidente cuando, con motivo de las negociaciones para el Pacto, se multiplican las visitas de jefes de Estados y representantes de la Comisión Europea a los países de la ribera sur del Mediterráneo.

En julio de 2023, haciendo caso omiso de la deriva autoritaria y los discursos y prácticas racistas del Gobierno tunecino, la Unión Europea firmó un Memorándum de Entendimiento con el presidente Kais Saied. En Túnez, el año 2023 ha estado marcado por un enfoque estatal racista y xenófobo, iniciado con la declaración de la presidencia tunecina **1/** el 21 de febrero de 2023 en el que aludía a "las hordas de migrantes subsaharianos" como una amenaza a la "composición demográfica" nacional. Las repercusiones de esta declaración **2/** se tradujeron en una ola terrible de violencia por todo el país, desplazamientos internos, detenciones arbitrarias y desapariciones, cuyos efectos perduran aún hoy.

En los mismos días de la firma del Memorándum de Entendimiento (MOU), en julio de 2023, miles de personas migrantes fueron arrestadas, tanto fuera en las calles como en sus casas, expulsadas **3/** luego hacia zonas fronterizas desérticas y militarizadas, en la frontera de Libia y Argelia. El 18 de diciembre de 2023, un informe titulado "Las rutas de la tortura: Cartografía de las violaciones sufridas por las personas en tránsito en Túnez" **4/** recogió y reveló los testimonios de una veintena de personas en situación migrante que habían sido víctimas de violencia, y también las observaciones de treinta organizaciones de la sociedad civil y de activistas humanitarios.

Mientras la cooperación en materia de migración con la UE no cesa de reforzarse, las autoridades tunecinas continúan transgrediendo de manera flagrante sus obligaciones en materia de respeto de los derechos humanos. La violencia institucional y policial han llegado a su paroxismo con el desarrollo de redes de tráfico de personas de origen subsahariano abandonadas en la frontera controlada por las milicias libias. Numerosos testimonios **5/** dan cuenta del mercadeo de dinero entre las partes implicadas en el traslado forzoso de migrantes de Túnez a Libia. Por otra parte, el recrudecimiento de los casos de secuestros/raptos **6/** en la ciudad de Sfax, donde cientos de personas en tránsito son sometidas a tortura hasta el pago de un rescate, se anclan en las políticas estatales de regularización y precarización socioeconómica de las personas migrantes que se encuentran sin recursos y expuestas a causa de una política de seguridad represiva. Asimismo, más y más mujeres en situación migrante dan cuenta de haber sufrido violencias sexuales, un fenómeno que parece generalizarse con total impunidad, en un contexto de extrema vulnerabilidad de las personas en tránsito, mientras que la criminalización de las personas consideradas en situación irregular prevalece.

Pese a que el Parlamento Europeo, en la sesión plenaria del 13 de marzo, se manifestó de manera compacta para denunciar tanto el MOU, la ausencia

1/ https://www.facebook.com/Presidence.tn/posts/

2/ https://www.amnesty.org/fr/latest/news/2023/03/tunisia-presidents-racist-speech-incites-a-wave-of-violence-against-black-africans/

3/ https://www.liberation.fr/international/afrique/tunisie-les-expulsions-de-migrants-et-refugies-aux-frontieres-se-poursuivent-20231222_WXY3XKNKRBA6HOTE4IQM3IHISI/

4/ https://omct-tunisie.org/wp-content/uploads/2023/12/Migration-et-torture-Finale-Planches-.pdf

5/ https://www.infomigrants.net/fr/post/53872/en-tunisie-des-migrants-arretes-et-transmis-aux-forces-libyennes-qui-les-jettent-en-prison

6/ https://www.lefigaro.fr/international/en-tunisie-ces-bandes-criminelles-qui-sequestrent-des-migrants-20240226

de marco legal de este acuerdo, así como el apoyo presupuestario que la Comisión ha decidido donar con carácter de urgencia al Gobierno tunecino, la presidenta de la Comisión, Von der Leyen, acompañada de Italia, Grecia, Chipre, Bélgica y Austria, reprodujo el modelo de acuerdo con Túnez en el Cairo. También para la colaboración con Egipto, la dimensión migratoria es uno de los pilares de acuerdos con el Cairo, que ve a la Comisión Europea ofrecer un paquete que supera los 7.000 millones de euros. Como con Túnez, el acento de la colaboración en el terreno de la migración es puesto en el reforzamiento de las capacidades de gestión de fronteras, mientras que las verdaderas emergencias en el país están seguramente mucho más ligadas a las trágicas condiciones de vida de las personas refugiadas, particularmente sudanesas sin protección, y el peligro constante de expulsiones.

En la misma lógica está la visita de la Comisaria Von der Leyen al Líbano, acompañada del presidente chipriota el 2 de mayo: anuncia un pago de 1.000 millones de euros, con el interés puesto en el apoyo de las capacidades de reforzamiento del control de las fronteras por las fuerzas de seguridad libanesas. Cuando un conflicto se consume a las puertas del Líbano y miles de personas refugiadas sirias se encuentran en peligro de expulsión hacia su país donde corren el riesgo de ser víctimas de desaparición forzada, la prioridad de la UE parece ser una vez más la de bloquear las salidas y devolverlas, estableciendo acuerdos con Estados tristemente conocidos por su corrupción y la represión de los derechos fundamentales, como es el Líbano, o de regímenes autoritarios, como Egipto y Túnez.

Sara Prestianni, experta en políticas de inmigración internacional

Traducción: ***viento* sur**

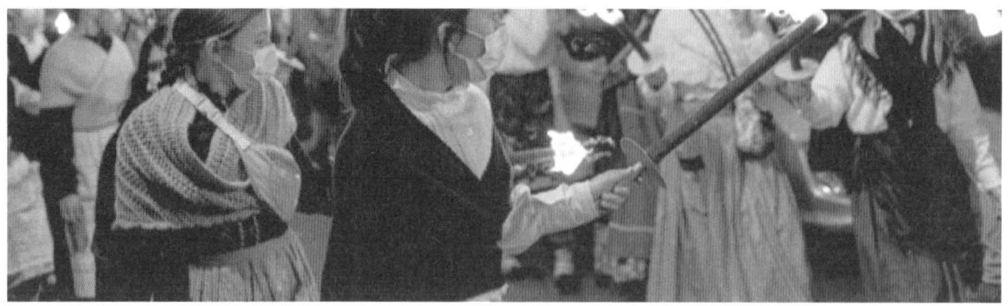

4. *¿QUO VADIS* EUROPA?

El *wishful thinking* de la militarización y la paz de la UE

Jordi Calvo

■ La UE ha emprendido un camino hacia la militarización cuyas causas no son las aparentes y cuyas consecuencias en el medio y largo plazo no serán la creación de un espacio de paz en el continente europeo. La guerra en Ucrania ha acelerado la militarización de la propia UE y sus Estados miembro, de tal modo que en tan solo dos años, el horizonte abierto por inéditos aumentos presupuestarios en defensa de Alemania y los países del Este del continente, la entrada en la OTAN de Finlandia y Suecia, la revitalización de la organización del Atlántico Norte en un contexto bélico generalizado que ha recuperado su razón de ser contra el enemigo de siempre, han llevado a la fase de mayor rearme de la historia reciente del continente. Pero ¿es este el mejor camino para evitar la guerra en Europa? ¿qué hay de improvisación y qué de planificación en la militarización europea? ¿Quién se va a beneficiar y quien puede verse perjudicado por la construcción de una Europa como potencia militar mundial?

Un proyecto militarizador de largo plazo

La militarización de la Unión no ha comenzado como una respuesta a la guerra en Ucrania. El Tratado de Lisboa ya supuso para la UE un distanciamiento del proyecto fundacional de la UE inspirado, al menos inicialmente, en la paz y los derechos humanos. En todo caso, la voluntad de darle a la UE competencia en defensa viene al menos del Tratado de Maastricht de 1992, que en su artículo 42(7) del Tratado de la Unión anunciaba el principio de asistencia mutua en caso de agresión armada. En 1998 se produjo la Declaración de Saint-Malo en una cumbre bilateral entre Francia y Reino Unido que impulsó la Política Europea de Seguridad y Defensa, planteando la posibilidad de fuerzas militares conjuntas, con los Grupos de Combate de la UE, que existen desde 2007, y la creación de la *EU Rapid Deployment Capacity* (Lazarou y Tothova, 2021). De este modo, el desarrollo militar europeo optó, tras el impulso de la PESCO, por el camino de las operaciones militares en el exterior y la cooperación militar y de seguridad con Estados vecinos, fronterizos y con intereses estratégicos.

Estas fuerzas europeas conjuntas listas para actuar recuperaron protagonismo en la Brújula Estratégica de 2022, con un incremento de 1.500 a 5.000 efectivos militares. De tal modo que las misiones militares europeas se han ido convirtiendo a lo largo de los años en una de las principales actividades de la Unión, con ejercicios en el Indo-pacífico, América Latina, en el continente africano, Georgia, Moldavia y Ucrania (Comisión Europea, 2019, 2020a, 2021).

Cabe añadir que la política de Defensa europea fue políticamente sustentada por el documento del Alto Representante de la UE de 2003 "Una Europa segura en un mundo mejor", cuya actualización llegó en 2016 con el documento "Visión compartida, acción común: una Europa más fuerte" (European External Action Service , 2016), conocido como Estrategia Global de la UE, el mismo año en que la Comisión Europea lanzó el Plan de Acción Europeo de Defensa y el Fondo Europeo de Defensa (Comisión Europea, 2016 y n.d.). El FED se convirtió en el primer presupuesto de defensa europeo en 2021 al incorporar 8.000 millones de euros para el primer programa de I+D militar de la UE. En la actualidad, los documentos que determinan el actual desarrollo militar europeo son los de la Estrategia de la UE para una Unión de la Seguridad 2020-25 (Comisión Europea, 2020b), que supuso el preludio del Fondo Europeo para la Paz (Consejo Europeo, n. d.) un presupuesto comunitario de cooperación para capacidades militares en países del Sur en los que se desarrollan operaciones militares europeas, con un presupuesto inicial de 5.000 M€ en 2021.

Más gasto militar

Con todo ello vemos que el aumento en los gastos militares de la UE ha sido planificado y constante. Los presupuestos de la UE en seguridad y defensa fueron de 2.800 M€ en el presupuesto de 2007-2013, de 6.500 M€ en el presupuesto de 2014-20 y de 19.500 M€ en el actual programa marco 2021-27 (Ruiz y otros, 2021). En 2017, la PESCO estableció el objetivo de aumentar los gastos en defensa y las operaciones militares para todos los Estados miembro de la UE. El presupuesto militar europeo también bebe de otras partidas, como las medidas adoptadas en 2018 para promover la movilidad militar con la industria armamentista como destinataria de fondos antes exclusivamente de carácter civil (Comisión Europea, 2020c). Todo ello sin contar los sucesivos aumentos al abrigo de la guerra en Ucrania, como el aumento en 5.000 millones del Fondo Europeo para la Paz destinado a dar apoyo militar a Ucrania, con el que se alcanzan cifras de presupuesto común militar que solo para Ucrania alcanza los 32.000 millones en asistencia militar. A los que cabe sumar 500 M€ para el proyecto ASAP, las siglas en inglés de Acción en Apoyo de la Producción de Munición, que significa en el lenguaje coloquial (As Soon As Possible), para impulsar la fabricación de explosivos, misiles y proyectiles para cubrir la falta de *stock* por el suministro masivo de armas a Ucrania.

Sin embargo, el impulso militarizador comunitario no es el más relevante, sino que el verdadero impulso del gasto militar de Europa proviene de los Estados. Según el último informe del SIPRI sobre la evolución de los gastos militares (SIPRI, 2024), el presupuesto militar mundial alcanzó en 2023 los 2,44 billones de dólares, un 7% más que el año anterior, los Estados miembro de la UE se sitúan terceros en el *ranking* mundial de gastos militares con 286.000 millones de dólares, un 11,4% más que en 2022, solo detrás de EE UU (880.000 millones) y muy cerca de China (309.000 millones). En 2023, los países con frontera con Rusia fueron los que más aumentaron su presupuesto militar: Polonia (75%), Finlandia (51%), Hungría (19%), Estonia (29%) y Bulgaria (20%). Cabe señalar que los países de la UE más el resto de los países del continente que pertenecen a la OTAN suman 380.000 millones de dólares en gasto militar, superior al de China y el triple que Rusia.

Impulso de la industria militar

La cooperación industrial en el sector de defensa desarrolla mecanismos y partidas presupuestarias que, bajo la argumentación de la eficiencia y mejora de la competitividad, han regado de millones la producción industrial militar europea. Así, siguiendo el ritmo y lógica perseverante de la militarización política y discursiva europea, la económica también viene de lejos.

La industria militar ha dirigido la militarización europea. Según Ruiz y otros (2020), en primer lugar, en 2002, en el marco de la Convención para el Futuro de Europa, un Grupo de Trabajo sobre Defensa conformado únicamente por perfiles y *lobbies* armamentísticos, sentó las bases para la creación de la Agencia Europea de Defensa; un año después, en 2003, se conformó otro grupo, esta vez llamado Grupo de Personalidades sobre Investigación y Seguridad, con 25 miembros de los que 8 pertenecían a la industria militar y de seguridad.

En 2015 la Comisión Europea creó el Grupo de Alto Nivel de Personalidades en la Investigación de Defensa con 16 miembros, de los que 9 representaban a la industria militar (Indra, Leonardo, TNO, Saab, BAE Systems, ASD, MBDA, Airbus, Fraunhofer), cuyas conclusiones fueron lógicamente encaminadas a “reforzar la posición militar general de Europa” (EU Institute for Security Studies, 2016).

En la Estrategia Global de 2016 (European External Action Service , 2017), se incidió en el apoyo al desarrollo de la industria militar y de seguridad de la UE. En 2019 la Comisión Europea creó la Dirección General de Industria de la Defensa y el Espacio destinada a dar apoyo a la industria militar europea.

La implicación e incidencia de las industrias de armas europeas ha sido el resultado de una inversión de los principales empresas de armas del continente (BAE Systems, Airbus, Thales, Leonardo, Rolls Royce, Naval Group, Rheinmentall, MBDA, Safran, Saab, ASD y EOS), que han destinado en 2020 más de 5 millones de euros en 49 lobistas y celebrado 327 reuniones con instituciones europeas sobre esta materia (Ruiz y otros, 2021). Gracias a su buen hacer, en 2022 la Brújula Estratégica introdujo las “Capacidades *Next Generation*”, referidas a innovación tecnológica militar, con el objetivo de avanzar hacia la soberanía industrial en tecnología militar, haciendo mención explícita del desarrollo de nuevos sistemas y carros de combate o buques de vigilancia, entre otros (European External Action Service , 2021).

Es quizá por ello que las empresas de armas europeas conforman hoy en día el segundo sector económico que más crece, solo por detrás del de la inteligencia artificial, con un 31% el último trimestre, que desde 2021 ha duplicado su cotización bursátil (Moreno, 2024).

Las empresas de armas europeas conforman hoy en día el segundo sector económico que más crece, solo por detrás del de la inteligencia artificial

Tutela de la OTAN

Como vemos, la militarización de la UE se ha cocinado a fuego lento durante tres décadas. Bajo la apariencia de la búsqueda de una UE más autónoma en el ámbito de la seguridad y defensa, se han aumentado los presupuestos de defensa comunitarios hasta alcanzar niveles inauditos en un nuevo marco de legitimación belicista provocado principalmente por la guerra en Ucrania, pero ello no implica el abandono de la tutela de la OTAN. No en vano, la Brújula Estratégica de 2022 establece el mantenimiento e impulso de la cooperación EU-OTAN, reforzando el vínculo transatlántico con la OTAN mediante reuniones de Alto Nivel EU-OTAN. Una relación que se vincula directamente con las misiones militares CSDP con Georgia, Moldavia y Ucrania. La guerra en Ucrania ha ayudado a recuperar protagonismo y legitimidad a la OTAN, y parece que EE UU está consiguiendo al fin que en Europa se incrementen los gastos militares hasta el 2% del PIB, un objetivo que ya es considerado el mínimo deseable.

La dependencia europea de la OTAN en materia de paz y seguridad la hace incapaz de valorar los riesgos y amenazas a su seguridad sin la tutela de EE UU , es decir, sin tener en cuenta los intereses norteamericanos. Las necesidades a un lado y otro del Atlántico no son las mismas, del mismo modo que no son iguales las amenazas y retos en materia de seguridad y defensa en el Sur o en el Este de Europa. La autonomía europea es imprescindible, pero la propuesta actual de la UE no propone ninguna autonomía militar real respecto a EE UU, más allá de la que aparentemente pueda mostrar un presupuesto comunitario y de todos sus Estados miembro cada vez mayor. La fuerza rápida de combate europea está llamada a ser un Ejército europeo cuyo objetivo sea desarrollar operaciones militares en lugares que los Estados miembro no quieran enviar a sus ejércitos nacionales por controversias políticas internas o rechazo social al envío de sus ciudadanos a misiones en el exterior. Las operaciones militares europeas interesan sobre todo a las grandes potencias militares de la UE, especialmente a Francia, cuya proyección militar internacional ha sido tradicionalmente mayor, pero también a otros países, como España, que pueden ver reducida la factura de mantener una presencia militar internacional al compartir los costes con todos los socios europeos. En todo caso, la creación de la Europa de la Defensa y de un Ejército europeo no es institucionalmente posible (Morillas, 2018), ni los ejércitos de mayor tamaño en Europa ni ninguno del resto van a renunciar a una fuerza militar nacional.

La tutela de la OTAN no ha facilitado la construcción de la paz en Europa, sino más bien al contrario; la militarización sin límites del bloque occidental impulsada por la OTAN aumenta la percepción de amenaza por parte de sus hipotéticos rivales políticos.

La tutela de la OTAN no ha facilitado la construcción de paz en Europa, sino más bien al contrario; la militarización sin límites del bloque occidental

Incompetencia militar para la paz

Una mayor militarización de la UE no parece ser la fórmula para evitar la guerra en Europa. La seguridad del continente ha estado en manos de la OTAN desde el final de la Segunda Guerra Mundial y no ha sabido crear un marco de seguridad en el continente. Tras una nefasta gestión de la disolución de la URSS, la OTAN ha aprovechado la debilidad de su tradicional enemigo incorporando antiguos aliados de Rusia a la organización militar atlantista, eliminando cualquier posibilidad de caminar hacia la Casa Común Europea propuesta por el último líder soviético y promotor de la disolución de la URSS, Mijaíl Gorbachov.

La militarización de Europa ni es nueva ni ha evitado la guerra en Ucrania. Europa ya se encuentra entre las regiones con mayores capacidades militares del mundo según los principales indicadores de militarización. Según el Global Fire Power (2024), que analiza el poder militar de los Estados, en base a diversos indicadores, solo siete países de Europa (Reino Unido, Francia, Alemania, España, Italia, Polonia y Suecia) tienen unas fuerzas armadas más numerosas que las rusas y superan en algunos armamentos a Rusia. El conjunto de la UE supera con creces las capacidades militares rusas.

Las opiniones de que más gasto militar evitará la guerra en Europa son infundadas y la creencia de que la carrera de armamentos servirá para conseguir la paz solo beneficia al negocio de las armas. La cifra arbitraria que marca el 2% del PIB en gastos militares es un objetivo económico que favorece la producción y proliferación de armas, aunque sin justificación alguna en cuanto a la consecución de mayores cotas de paz y seguridad. La guerra en Ucrania no se ha producido porque falten armas o militares en el continente europeo; en Europa hay más capacidades militares que en Rusia y ello no ha evitado la invasión de Ucrania. La vía militar se ha demostrado incompetente para conseguir la paz en Europa.

Consumar la militarización de la UE hará desaparecer cualquier atisbo de que la UE sea un agente creíble de promoción de la paz y los derechos humanos. Una Europa militar hará que las respuestas militares desde la propia Unión sean más frecuentes. Con ello se dificultará el desarrollo de las capacidades de la diplomacia europea para crear condiciones que eviten los conflictos armados y promuevan la paz, para crear relaciones de amistad, convivencia e interdependencia con sus vecinos.

La incorporación de Rusia al proyecto europeo, sea cual fuera la fórmula que se pueda conseguir, es una condición necesaria para crear un marco de paz y seguridad que evite la guerra de manera definitiva en el continente.

La teoría realista en las relaciones internacionales, basada en una lectura de la política internacional de la desconfianza, la competencia y el caos, se encuentra detrás de buena parte de las decisiones que están llevando a Europa a optar por el enfrentamiento militar para conseguir sus objetivos. Pero esta visión se ha mostrado obsoleta en un mundo en el que la seguridad no depende de las armas que se posean. La vía militar realista es la que ha dirigido los designios de Europa con el nefasto resultado de una guerra evitable que va a empobrecer económicamente a la población europea, va a generar un daño humanitario insoportable y va a fracturar políticamente el continente, aumentando en este proceso la dependencia europea en materia de seguridad de EE UU. Apostar por la vía militar para alcanzar la paz en Europa no supondría ninguna diferencia con el modelo propuesto hasta hoy bajo la tutela de la OTAN. En sustitución de un hipotético Ejército europeo y para construir una diplomacia que sirva los intereses de la Unión y de sus Estados miembro, habría que impulsar un cuerpo diplomático propio y único de la UE, aumentando sus capacidades, recursos y la cooperación entre Estados miembro.

El *wishful thinking* militarista de los actuales dirigentes políticos de la UE lleva a la población europea a la ilusión de que la paz la traerán las armas y la guerra

El *wishful thinking* militarista de los actuales dirigentes políticos de la UE lleva a la población europea a la ilusión de que la paz la traerán las armas y la guerra. Pero la espiral militarizadora es insaciable. Los principales indicadores militares europeos ya están en máximos históricos. La ola reaccionaria que impregna la política europea ha generado un marco de pensamiento que sabemos que puede llevar a Europa y al resto del mundo a una gran guerra con efectos de destrucción y muerte impredecibles. La paz no se conseguirá preparando, alentando y jaleando la guerra. ¿Habremos aprendido algo de la Primera y Segunda guerras mundiales?

Jordi Calvo, profesor e investigador en paz, economía de defensa y relaciones internacionales. Coordinador del Centre Delàs d'Estudis per la Pau

Referencias

Comisión Europea (2016) *Plan de Acción Europeo de Defensa: hacia un Fondo Europeo de Defensa*. Zona de prensa. Disponible en: https://ec.europa.eu/

commission/presscorner/detail/es/IP_16_4088 (accedido el 19/02/2023)
(2019) "Joint Communication to the European Parliament and the Council European Union, Latin America and the Caribbean: Joining Forces for a Comisión Europea", (2020a) "Joint Communication to the European Parliament and the Council: Towards a comprehensive Strategy with Africa", *JOIN (2020) 4 final*. Disponible en: https://ec.europa.eu/international-partnerships/system/files/communication-eu-africa-strategy-join-2020-4-final_en.pdf (accedido el 30/04/2024).
(2020a) "Joint Communication to the European Parliament, the European Council, the Council, the European Economic and Social Committee and The Committee of the Regions Eastern Partnership Policy Beyond 2020 Reinforcing Resilience - An Eastern Partnership that Delivers for All" *JOIN (2020) 7 final*. Disponible en https://www.eeas.europa.eu/eeas/joint-communication-eastern-partnership-policy-beyond-2020-reinforcing-resilience-%E2%80%93-eastern_en (accedido el 9/02/2023)
(2020b) "Comunicación de la Comisión al Parlamento Europeo, al Consejo Europeo, al Consejo, al Comité Económico y Social Europeo y al Comité De Las Regiones sobre la Estrategia de la UE para una Unión de la Seguridad", *COM (2020) 605 final*, disponible en: https://eur-lex.europa.eu/legal-content/EN/TXT/?qid=1596452256370&uri=CELEX:52020DC0605 (accedido el 19/02/2023)
(2020c) European Commission, (2020) "Strategic Plan 2020-2024. DG Defence Industry and Security" *Ares (2020) 4975657*. Disponible en: https://ec.europa.eu/info/system/files/defis_sp_2020_2024_en.pdf (accedido el 19/02/2023)
(2021) "Joint Communication to the European Parliament and the Council: The EU strategy for cooperation in the Indo-Pacific", *JOIN (2021) 24 final*, 13-14. Disponible en: https://ec.europa.eu/info/sites/default/files/jointcommunication_indo_pacific_en.pdf (accedido el 30/04/2024).
(2024a) "EU military support to Ukraine", https://eu-solidarity-ukraine.ec.europa.eu/eu-assistance-ukraine/eu-military-support-ukraine_en (accedido el 2/05/2024)
(2024b) ASAP, "Boosting defence production", https://defence-industry-space.ec.europa.eu/eu-defence-industry/asap-boosting-defence-production_en?prefLang=es (accedido el 2/05/2024)
(n.d.) "Fondo Europeo de Defensa". Disponible en: https://ec.europa.eu/defence-industry-space/eu-defence-industry/european-defence-fund-edf_en (accedido el 19/02/2023)

Consejo Europeo (n.d) "Fondo Europeo de Apoyo a la Paz". Disponible en: https://www.consilium.europa.eu/es/policies/european-peace-facility/ (accedido el 19/02/2023)

EU Institute for Security Studies (2016) "Report of the Group of Personalities on the Preparatory action for CSDP-related research", p. 34. Disponible en www.iss.europa.eu/content/reportgroup-personalities-preparatory-action-csdp-related-research (accedido el 15/04/2024)

EU Neighbours East (2924) "EU allocates €5 billion under European Peace

Facility to support Ukraine militarily" https://euneighbourseast.eu/news/latest-news/eu-allocates-e5-billion-under-european-peace-facility-to-support-ukraine-militarily/ (accedido el 2/05/2024)

European External Action Service (2016) *Shared Vision, Common Action: A Stronger Europe. A global strategy for the European Union's Foreign and Security Policy.* Publications Office. Disponible en: https://op.europa.eu/en/publication-detail/-/publication/3eaae2cf-9ac5-11e6-868c-01aa75ed71a1 (accedido el 18/02/2023).

(2017) "Shared vision, common action: a stronger Europe: a global strategy for the European Union's foreign and security policy". Publications Office. Disponible en: https://eeas.europa.eu/archives/docs/top_stories/pdf/eugs_review_web.pdf (accedido el 9/02/2022)

(2021) "A Strategic Compass for Security and Defence - For a European Union that protects its citizens, values and interests and contributes to international peace and security" *EEAS (2021) 1169.* Disponible en: https://i2.res.24o.it/pdf2010/Editrice/ILSOLE24ORE/ILSOLE24ORE/Online/_Oggetti_Embedded/Documenti/2021/11/11/st13638_en21%20SC%20DRAFT%200.pdf (accedido el 10/02/2022)

Global Fire Power (2024) https://www.globalfirepower.com/countries-comparison.php (accedido el 23/04/2024)

Lazarou, Elena; Tothova, Linda, (2021) "Strategic Compass: Towards adoption' European Parliament". Disponible en: https://www.europarl.europa.eu/RegData/etudes/ATAG/2021/698818/EPRS_ATA(2021)698818_EN.pdf (accedido el 9/02/2022)

Le Grand Continent (2024) "Berlín podría gastar hasta el 3,5% de su PIB en defensa en 2024" https://legrandcontinent.eu/es/2024/02/20/berlin-podria-gastar-hasta-el-35-de-su-pib-en-defensa-en-2024/ (accedido el 23/04/2024)

Moreno, Álvaro (2024) "La industria de la guerra vislumbra una 'década dorada' entre Trump y el rearme de la UE". *El Economista,* https://www.eleconomista.es/mercados-cotizaciones/noticias/12675613/02/24/la-industria-de-la-guerra-vislumbra-una-decada-dorada-entre-trump-y-el-rearme-de-la-ue.html (accedido el 23/04/2024)

Morillas, Pol (2018) "El espectro del Ejército europeo", https://www.cidob.org/ca/publicacions/series_de_publicacio/opinio/europa/el_espectro_del_ejercito_europeo (accedido el 23/04/2024)

OTAN (2024), "Relations with the European Union", disponible en https://www.nato.int/cps/en/natohq/topics_49217.htm, (accedido el 4/05/2024)

Ruiz, Ainhoa; Vranken, Bram; Vignarca, Francesco; Calvo, Jordi; Sédou, Laëtitia; de Vries, Wendela (2021) *A Militarized Union. Understanding and confronting the militarization of the European Union.* Brussels: Rosa-Luxemburg-Stiftung. Disponible en: http://centredelas.org/wp-content/uploads/2021/07/A-militarised-Union-2.pdf (accedido el 9/02/2022)

SIPRI (2024) "MIlitary Expenditure Database", https://www.sipri.org/databases/milex (accedido el 23/04/2024)

5. *¿QUO VADIS* EUROPA?

¿Quién lidera la "revolución industrial verde"? Un análisis crítico de cinco años del Pacto Verde Europeo

Alfons Pérez

■ A finales de 2019 la Comisión Europea presentaba el Pacto Verde Europeo (en adelante PVE), la hoja de ruta para que Europa fuera el primer continente neutro en emisiones para 2050. En estos casi cinco años de vigencia, el PVE ha resistido la pandemia y la guerra de Ucrania, convirtiéndose en la estrategia para la recuperación económica y un elemento central para la autonomía estratégica. Pero ¿cómo es posible que un conjunto de políticas ambientales y climáticas hayan sobrevivido a ese doble golpe? Simple y llanamente porque el PVE va mucho más allá de la transición verde: su verdadero objetivo es geopolítico y geoestratégico.

De ahí que un análisis crítico de su trayectoria no puede examinar solamente cada una de sus propuestas para determinar si contribuyen a la lucha contra la emergencia climática o si pueden ser catalogadas como *greenwashing*. El reto consiste en evaluar el PVE como un fenómeno emergente, que es más que la suma de sus partes; como un auténtico proyecto de reforma estructural económica, con consecuencias extraterritoriales, para que la Unión Europea lidere la *revolución industrial verde*.

La pandemia y la guerra en Ucrania consolidan el Pacto Verde Europeo

La convulsa tercera década del siglo XXI no ha hecho más que poner en evidencia que el PVE es una apuesta dinámica, versátil, adaptativa y, sobretodo, contradictoria, competitiva, agresiva y beligerante. Solo cuatro meses después de su presentación, se declaraba la pandemia de la covid19 que, entre muchas otras cosas, suponía su primer test de estrés. ¿Resistiría una hoja de ruta aparentemente climática a la recuperación económica de la pandemia? Pues sí, el PVE no solo superó la prueba, sino que salió reforzado porque, según la Comisión Europea, "el Pacto Verde Europeo es también una línea de vida para salir de la pandemia" **1/**.

Por un lado, la UE aumentó su ambición climática en pleno confina-

1/ https://commission.europa.eu/strategy-and-policy/priorities-2019-2024/european-green-deal_en

miento proponiendo un mínimo del 55% de reducción de las emisiones para 2030 respecto el año 1990 **2/**, lo que conllevó un paquete de medidas bajo el nombre de *Objetivo 55* (*Fitfor55*) **3/**. Además, en 2021 se alcanzó un acuerdo provisional del Consejo Europeo y el Parlamento sobre la Ley europea del clima, que convertía en legalmente vinculantes el *Objetivo 55* y la neutralidad climática para 2050 **4/**.

Por otro lado, la Comisión Europea anunció antes de la pandemia, el 14 de enero de 2020, el Plan de Inversiones del Pacto Verde Europeo, un plan que pretendía movilizar 1 billón de euros en *inversiones sostenibles* durante los siguientes diez años a través del presupuesto de la UE y de varios instrumentos asociados, en particular el InvestEU **5/**. Pero este plan de inversiones quedó eclipsado por la llegada de los fondos-deuda NextGenerationEU, más de 800.000 millones de euros para la *recuperación económica verde y digital* de la pandemia. Los NextGenerationEU, conseguidos a través de la emisión de deuda mutualizada, convirtieron a la UE en el mayor emisor supranacional de deuda del mundo y han servido como incentivos multimillonarios para la política industrial del Pacto. En concreto, un 37% de los fondos se debían dirigir a proyectos y reformas que contribuyeran a los objetivos climáticos de la Unión, un 20% a la digitalización y un 10% a la biodiversidad.

Poco después, el PVE pasó su segundo test de estrés: la crisis energética. Cuando el 24 de febrero de 2022 la Federación Rusa de Vladimir Putin inició su operación especial en Ucrania, en forma de invasión y de guerra, en la Unión Europea emergió un temor real y fundado: cómo garantizar el suministro energético cuando su principal suministrador de gas, petróleo y carbón emprendía una acción militar sin precedentes contra un país de la órbita europea. Cabe recordar que los precios del gas y la electricidad ya estaban disparados antes del ataque de Putin y, por tanto, llovía, o más bien diluviaba, sobre mojado **6/**.

Entonces, ¿la crisis energética supondría buscar energía a toda costa sin importar si su origen era renovable o no? ¿El PVE y su neutralidad climática resistirían este segundo momento de excepción? La respuesta, por absurda que parezca, es un *sí, sí*. El REPowerEU **7/**, el plan europeo para acabar con las dependencias energéticas de la Federación Rusa, afirma, literalmente, que “El Plan REPowerEU se basa en la plena aplicación del paquete de medidas *Objetivo 55* (...) y la neutralidad climática de aquí a 2050 en consonancia con el Pacto Verde Europeo”. Y continua:

> “Sin embargo, el abandono de los combustibles fósiles rusos también requerirá inversiones específicas para la seguridad del suministro en infraestructuras de gas y cambios muy limitados en la infraestructura

2/ https://ec.europa.eu/commission/presscorner/api/files/document/print/en/ip_20_1599/IP_20_1599_EN.pdf

3/ https://www.consilium.europa.eu/es/policies/green-deal/fit-for-55/

4/ https://www.consilium.europa.eu/es/press/press-releases/2021/05/05/european-climate-law-council-and-parliament-reach-provisional-agreement/

5/ https://investeu.europa.eu/index_en

6/ https://odg.cat/wp-content/uploads/2023/07/La-mina-la-fabrica-la-tienda.pdf

7/ https://odg.cat/es/publicacion/crisis-energetica-en-europa-que-podemos-esperar/

petrolera (...). Paralelamente, algunas de las capacidades existentes relacionadas con el carbón también podrían utilizarse más tiempo de lo previsto inicialmente, así como la energía nuclear y los recursos de gas nacionales" **8/**.

Eso conllevó la reapertura de centrales de carbón en Alemania, el incremento de la generación con carbón en Italia y la proyección de nuevos reactores nucleares en Francia. **9/**

En conclusión, del impacto de la pandemia y la crisis energética se pueden extraer tres lecciones que impregnan el presente del PVE.

La primera lección remite a sus propios orígenes. A diferencia de los pactos verdes presentados por Alexandria Ocasio-Cortez o Bernie Sanders en EE UU, que combinan lo ambiental y lo social **10/**, el Pacto Verde Europeo se presentó como una *nueva estrategia de crecimiento* que abrazaba con fuerza las tesis del capitalismo verde: desacoplamiento absoluto entre crecimiento económico e impacto ambiental, el mercado como dinamizador y la tecnología como solución. Situar al PVE como la estrategia de recuperación económica de la pandemia aumentó su carácter economicista. Si antes de la covid19 quedaba por resolver quién era la contraparte del Pacto, la entrega de los fondos NextGenerationEU a las grandes empresas no ha hecho más que confirmar que son las transnacionales europeas las que debían comandar la recuperación económica y la descarbonización.

La entrega de los fondos NextGenerationEU a las grandes empresas no ha hecho más que confirmar que son las transnacionales europeas las que debían comandar la recuperación económica y la descarbonización

La segunda lección es que el PVE es suficientemente flexible como para asumir contradicciones en su trayectoria cuando debe responder a un bien superior, en este caso, la agenda securitaria. La rotura de las cadenas globales de suministro y las fuertes dependencias energéticas, materiales y tecnológicas del exterior han hecho replantear la estrategia europea que, como veremos más adelante, ha asumido un tono mucho más agresivo y beligerante. Ahora las políticas climáticas y, sobretodo, energéticas, deben contribuir a la autonomía estratégica y a la seguridad energética. De la misma manera, las *tecnologías limpias* o *cero neto* que favorecen no son simples tecnologías. Se convierten en elementos necesarios para la independencia y la seguridad europea. Sirva como ejemplo la campaña *You are the EU* **11/**.

8/ https://eur-lex.europa.eu/resource.html?uri=cellar:fc930f14-d7ae-11ec-a95f-01aa75ed71a1.0004.02/DOC_1&format=PDF
9/ https://directa.cat/la-politica-energetica-europea-al-servei-de-la-guerra/
10/ https://odg.cat/es/publicacion/pactos-verdes-pandemias/
11/ https://you-are-eu.europa.eu/index_es

Y la tercera y última lección confirmaría que la apuesta del PVE para liderar la *revolución industrial verde* necesita de un aparato industrial del que la Unión Europea carece. No le es suficiente instalar capacidad renovable o que circulen más coches eléctricos, hay que fabricar las tecnologías de la transición verde. Esto contrasta con la tan invocada transición a una economía desmaterializada de servicios. Ahora la industria es importante y, como veremos a continuación, esto tiene claros efectos extraterritoriales.

¿Quién lidera la *revolución industrial verde*? Posiciones de partida

Antes de entrar en profundidad en las posiciones de partida de los diferentes países y bloques de países conviene aclarar brevemente a qué nos referimos con el término *revolución industrial verde*. Apuntamos, principalmente, a la capacidad de fabricación de las llamadas *tecnologías limpias* o *cero neto* –para la UE: paneles fotovoltaicos y térmicos, celdas de combustible y electrolizadores, eólica terrestre y marítima, biogás sostenible y biometano, baterías y almacenamiento, captura y almacenamiento de carbono, bombas de calor y energía geotérmica y tecnologías de red– y, especialmente, al poder que el control de sus cadenas de valor –extracción de materias primas, procesamiento, producción de componentes, ensamblaje, distribución, logística, instalación– confiere en el ámbito internacional.

Tomando esto como referencia, si analizamos la situación global de las cadenas de valor de las principales *tecnologías limpias* podemos advertir cuatro posiciones bien diferenciadas: *dominante, aventajada, importadora* y *subordinada*.

Por un lado, China tiene una posición *dominante*, con una presencia lo suficientemente hegemónica como para ejercer un alto grado de control e influencia. Por lo que se refiere a los materiales necesarios para la fabricación de tecnología, en 2019, China fue responsable del 69% de la extracción de cobalto, el 64% del grafito y el 60% de las tierras raras a nivel mundial. En las operaciones de procesamiento de materiales alcanzó el 35% del níquel, el 65% del cobalto, el 87% de las tierras raras y el 58% del litio. Además, las empresas chinas han realizado importantes inversiones en zonas con recursos minerales como Australia, Chile, República Democrática del Congo e Indonesia **12/**. Por lo que se refiere a la industria, en 2021, el 65% de las baterías para vehículos eléctricos, alrededor del 60% de los paneles fotovoltaicos y aerogeneradores y el 40% de los electrolizadores se fabricaron en territorio chino **13/**.

Por otro lado, Estados Unidos está en una posición *aventajada* porque posee recursos energéticos, minerales, industria y demanda interna. En 2020 fue el segundo extractor de tierras raras y sexto en reservas, y tiene un buen desarrollo de la movilidad eléctrica (balanza comercial positiva del 3% en 2021), pero no tanto para la eólica (-38%) y fotovoltaica (-65%) donde depende de las importaciones **14/**.

12/ https://www.iea.org/reports/the-role-of-critical-minerals-in-clean-energy-transitions/the-state-of-play
13/ https://www.iea.org/reports/energy-technology-perspectives-2023
14/ https://www.iea.org/reports/energy-technology-perspectives-2023

En cambio, lo que más caracteriza a la Unión Europea es su rol de *importadora* por su alta dependencia energética, mineral e industrial del exterior que no deja de ser, en parte, resultado de la propia política expansiva y de deslocalización de las corporaciones europeas. En 2021, la UE tenía una dependencia energética del 55% y del 54% para minerales metálicos **15/**. La UE es importadora neta de *tecnologías limpias* con la excepción de los componentes de turbinas eólicas. Alrededor de una cuarta parte de los automóviles y baterías eléctricas y casi todos los módulos fotovoltaicos solares y celdas de combustible son importados, en su mayoría de China, aunque los vehículos eléctricos son producidos también por empresas europeas y de EE UU en territorio chino **16/**.

Por último, numerosos países del Sur Global se insertan en las cadenas globales de manera *subordinada*, a través de la extracción y exportación de bienes naturales, con frecuencia motivados por la presión de instrumentos macroeconómicos como la deuda externa y los tratados de comercio e inversión. Países como República Democrática del Congo, Mozambique, Perú, Ghana o Indonesia tienen una matriz primario-exportadora y se dedican, esencialmente, a extraer minerales y venderlos con un refinamiento/procesamiento básico. Otros países como Chile, Bolivia, Argentina o Brasil tienen distintos proyectos para avanzar hacia la industrialización, pero han topado con barreras internas y del contexto internacional.

El Plan Industrial del Pacto Verde: *Made in Europe* y *Made in US* contra *Made in China*

Si el objetivo del PVE era que la UE liderara la *revolución industrial verde,* necesita cambiar su rol de *importadora*. Una pieza clave para ese movimiento ha sido la publicación, a principios de 2023, del Plan Industrial del Pacto Verde **17/**. El objetivo principal del Plan es "escalar la capacidad de manufactura europea de las tecnologías de cero emisiones y los productos requeridos" a través de tres iniciativas: la Ley de industria cero emisiones netas, la Ley de materias primas críticas y la reforma del diseño del mercado eléctrico.

La Ley de materias primas críticas y la reforma del mercado eléctrico buscan asegurar los materiales críticos y una energía barata –en realidad, menos cara- para la industria europea de fabricación de "tecnologías limpias" **18/**. Mientras la reforma del mercado eléctrico tiene una dimensión doméstica que busca una mayor cohesión y seguridad dentro de la UE, la Ley de materias primas críticas tiene una fuerte dimensión exterior. Busca conseguir los ingredientes para fabricar las tecnologías en medio de un *boom* por las materias primas por las que pugnan los grandes actores internacionales. La misma presidenta de la Comisión Europea, Ursula von de Leyen, dijo en el

15/ https://ec.europa.eu/eurostat/statistics-explained/index.php?title=Energy_statistics_-_an_overview

16/ https://www.iea.org/reports/energy-technology-perspectives-2023/clean-energy-supply-chains-vulnerabilities

17/ https://ec.europa.eu/commission/presscorner/detail/es/ip_23_510

18/ https://commission.europa.eu/strategy-and-policy/priorities-2019-2024/european-green-deal/green-deal-industrial-plan_en

discurso del estado de la Unión Europea en septiembre de 2022 que "El litio y las tierras raras pronto serán más importantes que el petróleo y el gas" **19/**.

Esto pone bajo presión a los territorios donde la extracción y las reservas están concentradas. Destacan entre ellos China, Chile y República Democrática del Congo. Esta última, alberga un gran porcentaje de la extracción del cobalto mundial (69%), sobretodo en la región de Katanga, al sureste del país, una zona donde también se extrae cobre, estaño, radio, uranio y diamantes. Chile, por su parte, comparte con Australia el liderazgo mundial de la minería de litio y, además, es la primera en extracción de cobre. En el caso de China, aparece como tercera en litio y cobre, pero encabeza con mucha diferencia la extracción de grafito (64%). Lo mismo pasa con las tierras raras (60%) que se extraen en su gran mayoría de la "ciudad natal de las tierras raras", el distrito minero de Bayan Obo en la región de Mongolia Interior.

Asimismo, la Ley de materias primas críticas establece objetivos cuantitativos concretos para el año 2030: al menos el 10% del consumo anual de estas materias debe proceder de la misma Unión Europea, al menos un 40% de la transformación debe realizarse dentro de la UE y al menos un 25% debe obtenerse del reciclaje, mientras que no más del 65% de cada materia prima estratégica, en cualquier fase de la transformación, podrá proceder de un solo proveedor. Eso quiere decir que, para no ser tan dependientes del exterior, habrá que hacer minería km0 y que, para luchar contra la hegemonía china, habrá que instalar industria de procesamiento y refino en la Unión Europea.

Por otro lado, la Ley de la industria de cero emisiones netas busca que la capacidad de manufactura de las *tecnologías limpias* o *cero neto* se acerque o llegue al 40% de las necesidades anuales para 2030, contribuyendo a los esfuerzos europeos para la independencia energética. Este esfuerzo europeo para fortalecer el *Made in Europe* tiene una clave de lucha contra el *Made in China* que lleva más de dos décadas de ventaja porque fue impulsado en el décimo plan quinquenal de 2001. Pero la Ley europea también da respuesta al lanzamiento, en agosto de 2022, de la Ley de reducción de la inflación -*Inflaction Reduction Act, IRA*- en EE UU, un plan que genera grandes estímulos para la industria de *tecnologías limpias Made in US* **20/**. Sus 369.000 millones de dólares se reparten entre incentivos fiscales para consumidores y empresas, subvenciones, préstamos y operaciones a nivel Federal **21/**. Los incentivos son tan suculentos que preocupan a las instituciones europeas que ven con inquietud los anuncios de empresas como Ford, BMW, Freyr Battery Norway de deslocalizar parte de su producción hacia EE UU. También preocupan las ventajas comparativas que puedan suponer en los mercados internacionales para empresas que ya producen en EE UU y se han beneficiado del IRA, como Tesla, Toyota, ABB, Panasonic, Hyundai o Kia **22/**.

19/ https://ec.europa.eu/commission/presscorner/detail/en/statement_22_5523

20/ https://globaleurope.eu/globalization/europe-and-the-ira-how-a-green-subsidy-race-could-both-help-and-hurt/

21/ https://www.whitehouse.gov/briefing-room/statements-releases/2022/08/15/by-the-numbers-the-inflation-reduction-act/

22/ https://odg.cat/wp-content/uploads/2023/07/La-mina-la-fabrica-la-tienda.pdf

¿Qué retos de futuro plantea el Pacto Verde Europeo?

1. Securitización, militarización, rusofobia y chinofobia

"La resiliencia de los futuros sistemas energéticos se medirá en particular mediante un acceso seguro a las tecnologías que alimentarán esos sistemas: turbinas eólicas, electrolizadores, baterías, energía solar fotovoltaica, bombas de calor y otras. A su vez, un suministro seguro de energía será esencial para garantizar un crecimiento económico sostenible y, en última instancia, el orden público y la seguridad".

Este párrafo del preámbulo de la Ley sobre industria de cero emisiones netas, con una referencia inusitada al "orden público y la seguridad" no hace más que confirmar el carácter actual del PVE y el rol de las tecnologías que deben servir como instrumento para la autonomía estratégica y las políticas de securitización.

La manera de legitimar este vínculo entre PVE, *tecnologías limpias* y seguridad es a través de un relato de dependencia y vulnerabilidad de la economía europea

La manera de legitimar este vínculo entre PVE, *tecnologías limpias* y seguridad es a través de un relato de dependencia y vulnerabilidad de la economía europea frente a actores externos que aprovechan su rol hegemónico contra sus objetivos, e incluso contra los llamados valores europeos. Hace diez años, las políticas de seguridad energética europea apuntaban directa e indirectamente a la Federación Rusa por utilizar la dependencia de la UE del petróleo, diésel, gas y carbón rusos como arma política. La lucha contra Rusia y la meta de la diversificación del suministro facilitaron el despliegue de nuevas infraestructuras, sobretodo gasoductos y plantas de importación de gas, bajo el nombre de Proyectos de Interés Común que recibieron apoyo financiero y garantías públicas. Todo este esfuerzo no se tradujo en una disminución de la dependencia energética puesto que las empresas continuaron firmando acuerdos comerciales para comprar a buen precio el gas ruso **23/**.

Hoy en día, se puede detectar fácilmente como el articulado del Pacto Industrial del Pacto Verde utiliza los mismos argumentos y palabras clave –dependencia, vulnerabilidad, diversificación– para apuntar a la hegemonía tecnológica de la República Popular China. La construcción del enemigo externo –Rusia, Putin; China, Xi Zinping– permite legitimar la apuesta de las instituciones europeas en forma política y diplomática, pero también económica y financiera, para combatir al enemigo. Y, de paso, aleja el análisis de las causas de fondo: la potencia exportadora alemana disfrutaba de conexión directa, vía gasoducto, del gas barato ruso y China ha aprovechado la deslocalización de empresas europeas a principios del 2000 para capturar el *know how* tecnológico.

23/ https://ecor.network/userfiles/files/Perez-31-36.pdf

Por otro lado, el incremento de la demanda de materias primas críticas no alimenta únicamente las *tecnologías limpias* o *cero neto*. En un momento récord de gasto mundial en defensa, con un presupuesto de 1,34 billones de dólares en 2023 para los miembros de la OTAN **24/**, la industria militar también necesita grandes cantidades de materiales para fabricar sus armas y nadie puede asegurar que la Ley europea de las materias primas críticas no sirva para abrir minas que nutran a esa industria **25/**.

2. Industrialización, reindustrialización, desindustrialización y organización industrial patriarcal

Parece que, por fin, ha llegado el debate sobre el futuro de la industria y se abren diferentes debates sobre:

- Desindustrializar: hace falta una clara apuesta por redimensionar el aparato industrial europeo, sobre todo el que produce bienes superfluos, contaminantes o dañinos. La industria militar es un claro ejemplo, pero también la automovilística.

- Industrializar: impulsar sectores industriales que responden a una economía con mayor circularidad. Por ejemplo, la recuperación, reciclaje y reutilización de minerales críticos como alternativa a la extracción primaria de materiales; o las tecnologías de bajo impacto, tecnologías menos complejas, con materiales reciclados, reciclables, locales e inertes **26/**.

- Reindustrializar: cabe recuperar la capacidad de producción doméstica de algunas de las tecnologías que deben contribuir a la transición, esencialmente, la fabricación de paneles fotovoltaicos.

Por último, el reto dentro del mundo industrial es acabar con su organización patriarcal: está altamente masculinizado y profundiza la división sexual del trabajo.

Las mujeres se concentran en trabajos de industrias poco sofisticadas y de menor intensidad tecnológica, mientras que los hombres están en sectores de alto valor agregado. En segundo lugar, las mujeres se concentran en los segmentos de bajo valor en cada sector. Por último, como se concentran en las actividades sectoriales menos cualificadas y no técnicas, les es más difícil tener oportunidades de promoción. Esta triple brecha se acentúa aún más en el Sur Global por la distribución territorial de las actividades de las cadenas globales que tienen operaciones geográficamente dispersas, desempeñadas por trabajadoras con distintas competencias. De la misma

24/ https://www.elsaltodiario.com/gasto-militar/gasto-militar-mundial-batio-un-nuevo-record-2023-al-aumentar-un-68percent
25/ https://corporateeurope.org/sites/default/files/2023-11/CRM%20english%20final%20%281%29.pdf
26/ https://solar.lowtechmagazine.com/low-tech-solutions/

manera, también interactúan la condición de clase social, raza, identidad de género y capacidad. Además, hay que añadir un elemento que permanece invisibilizado: para que esta fuerza de trabajo productivo se reproduzca necesita del trabajo de cuidados y del hogar, a menudo gratuito o mal pagado y realizado principalmente por mujeres -y especialmente mujeres migrantes y racializadas- **27/**.

3. El papel de lo público y la transformación de la movilidad

El PVE se ha caracterizado por promover una gran alianza público-privada, donde las instituciones públicas proveen y facilitan y las grandes empresas privadas ejecutan reteniendo la propiedad de las infraestructuras y su control. Como comentábamos al inicio, la contraparte del Pacto no es la ciudadanía, titular de derechos, sino el poder corporativo que está saliendo reforzado con las políticas del PVE.

Las cifras de movilización de recursos públicos, por ejemplo, a través del NextGenerationEU, o de la cantidad de procesos administrativos *fast-track* para cualquier cosa relacionada con la transición verde, ponen de manifiesto el esfuerzo de las instituciones públicas europeas para sincronizar la transición con los intereses corporativos y el ciclo económico.

Futuro de la movilidad que aborde un cambio de régimen de propiedad, pasando del vehículo privado a la movilidad pública y cooperativa

Un caso paradigmático es la transición de la movilidad. El debate está encerrado en el traspaso del vehículo privado de combustión al vehículo privado eléctrico, con las grandes compañías automovilísticas europeas demandando incentivos para la transformación de su producción en Europa y celeridad en la instalación de puntos de recarga. Frente a esto, cabe reivindicar un debate más amplio sobre el futuro de la movilidad que aborde un cambio de régimen de propiedad, pasando del vehículo privado a la movilidad pública y cooperativa que suponga una reducción urgente del tamaño del parque automovilístico privado.

4. Revolución industrial verde, neocolonialismo y extractivismo

Para acabar, un apunte histórico. La revolución industrial se sustentó en el descubrimiento de la máquina de vapor y en la abundancia del combustible carbón, pero también en la capacidad de expolio de materias primas y de control de los mercados de las colonias europeas. La *revolución industrial verde,* por ser una etapa más de la revolución industrial, no escapa de las dinámicas de expolio, ahora en nombre de la transición verde.

Aunque suene grueso, el PVE es una hoja de ruta y un objetivo geopolítico que no puede avanzar sin

27/ https://www.ecologistasenaccion.org/132893/informe-escenarios-de-trabajo-en-la-transicion-ecosocial-2020-2030/

relaciones neocoloniales y extractivas. No está planteado como una relación entre iguales: ni entre ciudadanía y corporaciones ni del Norte Global frente a Sur Global. El combate ideológico contra lo que subyace en el PVE no se sustenta solamente en rebatir si es *nuevo* o si es *verde*, sino en señalar que no hay transición posible si se construye como un marco de privilegios para una contraparte corporativa y extractiva.

Alfons Pérez, investigador del Observatori del
Deute en la Globalització (www.odg.cat.)

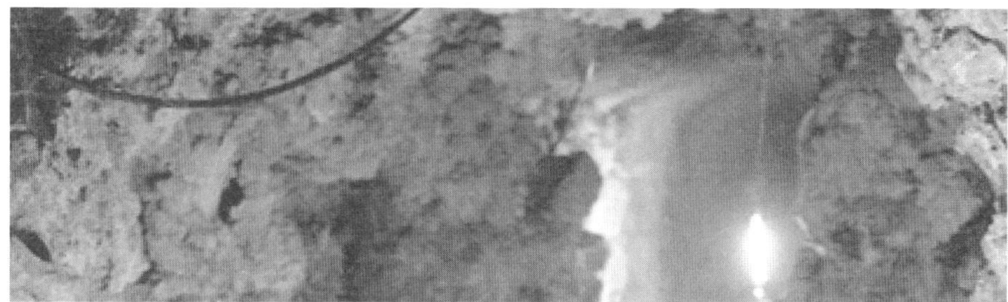

6. *¿QUO VADIS* EUROPA?

Movilizaciones en el campo europeo: salir del libre comercio para lograr una transición hacia modelos agrícolas más sostenibles

Morgan Ody

■ A principios de año y durante varias semanas, las y los agricultores de varios países europeos han expresado su enfado por la situación imposible a la que les han conducido décadas de política agrícola neoliberal. Los costes de producción no han dejado de aumentar en los últimos años, mientras que los precios que se les pagaban se han estancado o incluso han bajado. Ante esta situación, las y los agricultores han buscado diferentes estrategias económicas. Hay quienes han intentado aumentar la producción para compensar la caída de los precios: han comprado más tierras, han invertido en maquinaria, se han endeudado mucho y han visto aumentar considerablemente su carga de trabajo. El estrés y la sensación de llevar toda la vida trabajando para salir adelante a duras penas han creado una gran frustración. Y hay quienes buscaron mejores precios para sus productos recurriendo a la agricultura biológica y a canales de distribución cortos. Pero estos mercados se hundieron tras la pandemia de la covid-19. Así que, a principios de 2024, agricultores con perfiles muy diferentes empezaron a converger en torno a la cuestión de las rentas del trabajo agrícola. En las calles de Bruselas o Berlín, en los bloqueos de las autopistas o en las plataformas logísticas, encontramos tanto agricultores ecológicos como convencionales, tanto productores lácteos, con 100 hectáreas de tierra, como pequeños horticultores que venden directamente, todas y todos unidos por su hartazgo de pasarse la vida trabajando como animales sin unos ingresos decentes a fin de mes.

Para la Coordinadora Europea Vía Campesina, era evidente que teníamos que participar en estas movilizaciones. Las campesinas y campesinos miembros de nuestras organizaciones sufren los efectos de la falta de ingresos, el estrés del sobreendeudamiento y las cargas de trabajo excesivas. Denunciamos las políticas neoliberales de la Unión Europea que han conducido a la desregulación de los mercados agrícolas y a una competencia internacional destructiva. Desde los años 80, se han desmantelado todas las herramientas que garantizaban precios justos a las y los agricultores europeos: precios mínimos de intervención, existencias públicas, herramientas de gestión de la oferta, barreras aduaneras... La Unión Europea lo ha apostado todo a los acuerdos de libre comercio, que ponen en competencia a todas y todos los agricultores del mundo y les incitan a producir al precio más bajo posible.

La Unión Europea lo ha apostado todo a los acuerdos de libre comercio, que ponen en competencia a todas y todos los agricultores

En los últimos años, la UE ha anunciado su intención de avanzar hacia un modelo agrícola más sostenible, en particular con la estrategia "De la granja a la mesa", que es el apartado agrícola del *Green Deal*. La Coordinadora Europea Vía Campesina acogió con satisfacción esta ambición, pero también hicimos hincapié en que la transición de la agricultura europea hacia modelos más sostenibles no podría lograrse sin romper con la lógica de la competitividad internacional: producir ecológicamente cuesta más y, por lo tanto, para lograr la transición agroecológica, es necesario proteger los mercados agrícolas. Por desgracia, no se nos escuchó.

Los agricultores y agricultoras europeos se enfrentaban así a una ecuación imposible: lograr la transición agroecológica y producir al menor precio posible. Ante este mandato contradictorio, reaparecieron claramente las diferencias entre las organizaciones agrarias. Las organizaciones campesinas que representan los intereses de las y los grandes agricultores y de la agroindustria, vinculadas al COPA-Cogeca, quieren mantener la orientación neoliberal y por ello han pedido –y obtenido– la retirada de todas las medidas medioambientales del *Green Deal*. Por el contrario, la Coordinadora Europea Vía Campesina afirma que las crisis medioambiental y climática son reales y graves, y que es vital dotarse de los medios para combatirlas con el fin de garantizar la soberanía alimentaria para las próximas décadas. Sostenemos que es el marco neoliberal el que debe ser cuestionado. En particular, denunciamos el acuerdo de libre comercio entre la Unión Europea y Mercosur (Brasil, Argentina, Paraguay y Uruguay), que sería un desastre para el sector ganadero europeo si se concluye.

La Unión Europea y los gobiernos de varios países, entre ellos Francia, Alemania y los Países Bajos, han optado por responder a esta crisis agrícola suprimiendo las normas medioambientales y manteniendo las políticas neoliberales. Se trata de una opción muy arriesgada, porque no hace nada para resolver el problema esencial de la falta de ingresos agrícolas. Así que hay muchas posibilidades de que la ira de las y los agricultores vuelva dentro de unos meses.

En todo el mundo, la extrema derecha es la solución de emergencia de los capitalistas cuando las crisis se agudizan, tanto que echan a la calle a millones de trabajadores desesperados. En lugar de resolver los problemas garantizando una mejor distribución de la renta, la extrema derecha designa a poblaciones minoritarias como chivos expiatorios (inmigrantes, mujeres, homosexuales, etc.) y aumenta la represión violenta de los movimientos populares. En los Países Bajos, la ira en el sector agrícola fue explotada por un *partido de agricultores* de extrema derecha que utilizó una retórica antisistema y antiecológica para entrar en el gobierno. Existe un riesgo real de que este ejemplo se repita en las elecciones al Parlamento Europeo de junio.

Las verdaderas soluciones pasan por políticas que regulen los mercados y promuevan la soberanía alimentaria en cooperación con los países del Sur

Los sindicatos agrícolas de la Coordinadora Europea Vía Campesina sostenemos que las verdaderas soluciones para las y los agricultores europeos pasan por políticas que regulen los mercados y promuevan la soberanía alimentaria en cooperación con los países del Sur. En un momento en que las rentas del capital se disparan, nos situamos junto a los sindicatos de trabajadores y trabajadoras y el movimiento ecologista para exigir una renta justa para todos y todas y políticas coherentes que respondan a la emergencia medioambiental.

Morgan Ody, Coordinadora General de La Vía Campesina y
productora de hortalizas a pequeña escala en la Bretaña francesa.

Javier Maestro

LA TRAYECTORIA DEL MARXISMO REVOLUCIONARIO: EL PLANO INTERNACIONAL (1880-1920)

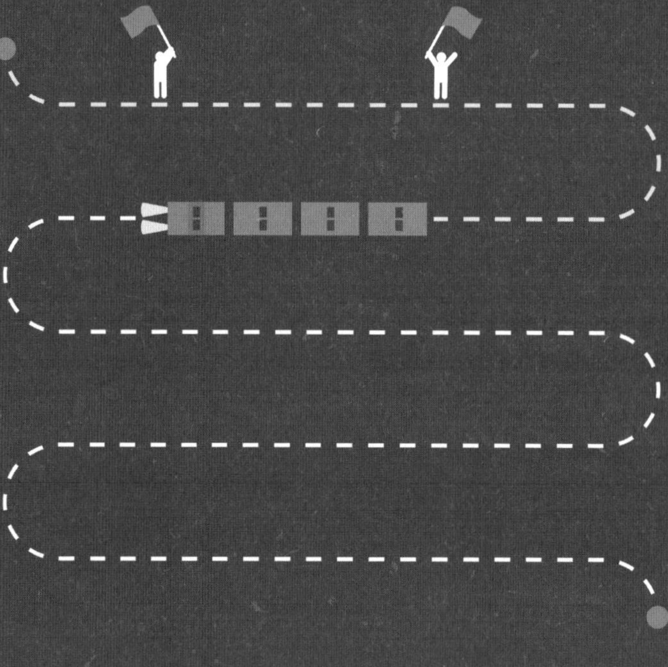

Sylone Viento sur

El comunismo como estrategia

Isabelle Garo

La actualidad paradójica del comunismo

El tema de este libro **1/** es el comunismo y su actualidad. ¿Por qué volver hoy a la cuestión del comunismo y presentarla como una cuestión estratégica crucial cuando está tan ausente del debate político? Con la compleja excepción de Cuba, los países que se reivindican del socialismo o del comunismo han experimentado procesos de restauración del capitalismo. El contexto actual, en Europa y en el mundo, es muy desfavorable para las personas explotadas dominadas a pesar de las muchas luchas y resistencias. Aunque las situaciones nacionales y regionales difieran y aunque el capitalismo se enfrente a una crisis generalizada, su dominación global está intacta, los fascismos se extienden y la debilidad de las izquierdas radicales es histórica.

Esta debilidad viene de hace tiempo y ha permitido a las clases dominantes vengarse. A partir de finales de la década de 1970, las limitadas, pero reales, conquistas sociales conseguidas a partir de 1945 fueron sistemática y minuciosamente destruidas. Las políticas neoliberales impuestas por las clases dominantes se han endurecido constantemente, lo que ha llevado a la regresión social, a la agudización de la explotación y las desigualdades, a la financiarización y a la mercantilización de todas las actividades humanas. En el contexto de una crisis prolongada que aviva las tensiones interimperialistas y multiplica los focos de guerra, este retroceso viene acompañado de un aumento de la represión y la militarización. A este panorama se suman los ya considerables efectos del cambio climático, que afectan principalmente a la población pobre, a las mujeres, a las y los migrantes y al Sur Global.

Sin embargo, las resistencias populares son fuertes, múltiples y resurgen constantemente. Ahora bien, siguen estando fragmentadas y, a veces, incluso se oponen. Por lo tanto, esta crisis radical y generalizada, después de lo que Daniel Bensaïd consideró como su largo *eclipse*, plantea con urgencia la recuperación del pensamiento estratégico. Esta recuperación concierne a la alternativa a reconstruir, pero ante todo y sobre todo se trata de la organización y reorganización de nuestras fuerzas políticas y sociales, fuertemente impactadas por una prolongada derrota y muy a menudo atrapadas tanto en lógicas electorales como en su rechazo puro y simple. ¿Cómo federar las luchas emancipatorias existentes sin pretender dictar su camino ni unificarlas desde arriba?

En estas condiciones, es urgente volver a abordar la cuestión comunista en términos de mediaciones y transiciones, más que en términos de programa o de aspiración. Para ello,

1/ Isabelle Garo (2019) *Communisme et stratégie*, Paris: Amsterdam. Libro cuya versión en castellano estará disponible pronto, publicada en coedición por Sylone-***viento* sur** y Comunis.

el proyecto del libro era partir de esta situación global, de sus contradicciones y sus potencialidades, a partir del retorno muy relativo pero real de la cuestión comunista al terreno filosófico, mientras que su descalificación política sigue siendo casi total. Al seleccionar algunos autores (Alain Badiou, Toni Negri, Ernesto Laclau) entre los que se han ocupado de esta cuestión en los últimos años, situar sus enfoques en su contexto permite discutirlos desde el ángulo de un marxismo estratégico que parte de cuestiones contemporáneas y se nutre de ellas.

El comunismo en la filosofía contemporánea

Dado que se trata de partir del presente y volver a él a través de lo que nos puede ayudar a transformarlo radicalmente, partir del análisis de las obras filosóficas actuales parecía pertinente por varias razones. En primer lugar, porque es sobre esta base que las cuestiones del comunismo y el socialismo están resurgiendo hoy, al menos en Francia. En segundo lugar, porque todos los autores estudiados en este libro han mantenido una relación -extremadamente crítica- con Marx y el marxismo, lo que le da una dimensión política a su obra, que a su vez permite leer a Marx desde el punto de vista de las preocupaciones contemporáneas. En fin, porque sus obras, leídas en todo el mundo, son todas, a su manera, vectores de la repolitización compleja del debate intelectual en la izquierda, revivificando la cuestión de la transformación social.

Ahora bien, para entender este panorama intelectual contemporáneo hay que retroceder en el tiempo: la filosofía francesa que surgió en la década de 1970 se ha dedicado, particularmente, a redefinir el compromiso intelectual. La gran figura de Jean-Paul Sartre, compañero de viaje del Partido Comunista, portavoz de las causas revolucionarias, iba a servir de elemento de rechazo a una parte de la siguiente generación. En el momento de este profundo giro ideológico en Francia, la ofensiva intelectual y mediática lanzada contra el proyecto comunista bajo la bandera del antitotalitarismo aceleró el descrédito del marxismo.

Alejados de esta campaña, pero en conexión con este clima general, Michel Foucault y Gilles Deleuze, entre otros, participaron a su manera en la mutación del panorama político e intelectual, tanto reinvirtiendo en el terreno filosófico de manera original como proponiendo opciones micropolíticas que se definieron como una ruptura con las organizaciones del movimiento obrero y con la noción misma de lucha de clases, así como con cualquier perspectiva de abolición del capitalismo. Partícipes del rechazo posmoderno de los *grandes relatos*, de los que el marxismo, a menudo reducido a su vulgata, ha sido una caricatura, estos brillantes e innovadores teóricos no marxistas dejarán una huella duradera en su tiempo y en la historia de la filosofía al lograr reconciliar los opuestos: el academicismo con su crítica radical; el rechazo de las instituciones con su uso virtuoso; el deseo de renovación política y una creciente tendencia a la despolitización de masas, que Mayo del 68 sólo interrumpió temporalmente.

Los autores estudiados en este libro son, en muchos sentidos, los herederos de los anteriores. Pero interviniendo en un contexto completamente diferente, también difieren de ellos en una serie de puntos. Mientras tanto, de hecho, el capitalismo no se ha estabilizado, sino todo lo contrario, y las resistencias se han dispersado a medida que el compromiso keynesiano-fordista entraba en crisis y las formas organizadas de las luchas de clases retrocedían frente al apetito de reconquista de las clases dominantes. Si todos aquellos de los que he elegido hablar mantienen una concepción ofensiva de la intervención críticos y si, una vez más, sitúan la discusión con Marx y el marxismo en el centro de su propia elaboración, a su vez abogan por un camino alternativo a la conquista del Estado y a la abolición del capitalismo. No obstante, es la transformación política y social radical la que se convierte en el objetivo de sus planteamientos, en un momento en que las clases dominantes de todo el mundo están librando una guerra social de creciente intensidad.

Uno de los elementos más llamativos de la actual coyuntura ideológica es el retorno del tema comunista al terreno teórico y, más particularmente, filosófico, aunque siga estando políticamente muy débil. Este uso positivo del término *comunismo* sigue siendo, por supuesto, muy minoritario, pero reactiva en cierta medida la esperanza que alguna vez pudo tener, aunque permanece desvinculado de las perspectivas políticas concretas. Y es aquí donde encontramos ciertas constantes propias de un cierto tipo de intervención filosófica contemporánea: radicaliza útilmente la crítica del mundo existente, pero tiende a evacuar la cuestión de las transiciones y las mediaciones, es decir, la cuestión de las organizaciones, las condiciones de la lucha de clases y las formas de movilización popular, para centrarse en los fines, en gran medida desacoplada de la construcción concreta de las movilizaciones sociales y políticas.

Desde este punto de vista, Alain Badiou, Ernesto Laclau y Toni Negri ilustran dos tendencias llamativas: por un lado, participan en la fragmentación duradera de las alternativas y en la dislocación de temáticas anteriormente articuladas, privilegiando ciertos ejes en detrimento de otros: el Estado y el partido en la obra de Badiou, la hegemonía en Laclau, la propiedad en Negri y en los teóricos de los comunes. Por otro lado, atestiguan un esfuerzo por repolitizar la teoría, pero permanecen situados en el terreno de la teoría misma. En otras palabras, tal repolitización sigue dependiendo del desplazamiento filosófico de la política, y esto en la filiación mantenida y actualizada de la crítica del marxismo desarrollada durante las décadas de 1960 y 1980.

Es importante evaluar en detalle este desplazamiento, que no es una huida de la política ni su aprehensión, sino el síntoma tanto de su crisis como de las aspiraciones de su renovación. Y también hay que aprovechar esta oportunidad, con vistas a relanzar la reflexión colectiva sobre la cuestión de la alternativa al capitalismo a partir de la paradoja de esta política, a la vez dirigida y eludida, que se designa con el uso filosófico del término *comunismo* y que se ha convertido en el emblema de los vínculos problemáticos entre un proyecto de emancipación y su concreción.

Un ejemplo: Ernesto Laclau

Ernesto Laclau es uno de los autores de los que habla el libro, aunque no se declare comunista, ya que desarrolla una elaborada reflexión estratégica. Leer con atención los textos de Laclau es importante, dado el impacto que tiene y ha tenido en una parte de la izquierda radical en todo el mundo, especialmente en el Estado español y en América Latina. Su trayectoria intelectual y política arroja luz sobre las tesis que defiende: nacido en Argentina, miembro de un partido de extrema izquierda que decidió apoyar a un Perón considerado antiimperialista, Laclau se formó en el marco de una cultura política argentina muy singular. Aunque después se inclinó por opciones institucionales de obediencia liberal, afirmó que siempre se mantuvo fiel a su compromiso inicial. Y, en efecto, el peronismo puede ser visto como la matriz de su concepción posterior del populismo, como la construcción de una alianza más allá de las fronteras de clase, que implica articular y agregar reivindicaciones distintas, incluso francamente divergentes, y encarnarlas en la figura de un líder.

Desde este punto de vista, Laclau es uno de los pocos autores que hoy ocupa el campo de la reflexión estratégica, aunque lo reduzca a la única cuestión de la conquista de la hegemonía en el marco de las instituciones existentes y del capitalismo. Su obra abraza el giro ideológico contemporáneo, sin analizarlo, pero sin renunciar a la intervención política concreta. Y sus procesos son sutiles. Así, Laclau afirma que las clases sociales sólo existen a través de sus luchas. Esta tesis es también la de Marx. Pero Laclau la radicaliza hasta el punto de cortar la definición de esta lucha de cualquier conflicto de intereses económicos y sociales anclado en la estructura misma del modo de producción capitalista. Puesto que ninguna clase tiene alternativa, ésta debe ser ofrecida desde fuera: el líder es un demiurgo que trabaja por la unificación política de un mundo social que está fragmentado por definición. El éxito de esta intervención depende sólo de la selección juiciosa de una reivindicación o de una *interpelación* entre otras, capaz de catalizarlas. La hegemonía se redefine como un medio de acceso al poder social y político tal como es, muy lejos de la noción que toma prestada de Gramsci.

La hegemonía se redefine como un medio de acceso al poder social y político tal como es, muy lejos de la noción que toma prestada de Gramsci

A sus ojos, el marxismo es una teoría obsoleta, pero también una reserva de nociones que hay que redefinir, un vocabulario que hay que retomar. A menudo, la discusión de Laclau sobre las tesis de Marx carece de rigor. Así, atribuyendo a Marx el proyecto de un comunismo que se resumiría únicamente en la dictadura del proletariado y jugando con las siniestras resonancias del término *dictadura* en el siglo XX, Laclau sabe que puede contar con una ignorancia general de Marx y del marxismo tanto como con los fracasos del socialismo estatizado.

Gracias a este sentimiento de rechazo, la estrategia emancipatoria se redefine como la fabricación de un subterfugio eficaz, un mito unificador, cercano a las concepciones que fueron desarrolladas a principios del siglo XX por Georges Sorel. Lo más importante para Laclau era iniciar el giro lingüístico y retórico del socialismo. En su opinión, las "construcciones discursivas", que permiten utilizar una multitud de referencias heterogéneas, son las únicas capaces de conferir una coherencia provisional a un mundo social fundamentalmente fragmentado y maleable, ciego a su propio futuro. Es a esta estrategia teórica y política a la que se refiere la palabra *populismo*. No es producto de la voluntad popular, sino de su contrario: la construcción de un pueblo es el resultado de la decisión de un estratega que quiere ser su encarnación y no su delegado controlado colectivamente.

Debajo de apariencia antisistema, esta alternativa a la alternativa [marxista] va a llevar a su autor a adoptar literalmente la democracia liberal. Si bien Ernesto Laclau comenzó desvinculando el socialismo y el comunismo, su doble rechazo a la mediación política y a los objetivos anticapitalistas lo llevó a proponer un *postsocialismo*, que es la contrapartida política del posmarxismo. En el fondo, no es otra cosa que la democracia parlamentaria burguesa reducida a su propio ideal abstracto y vacío: el pluralismo de las opiniones. Es cierto que en un momento en que la democracia se está descomponiendo, recordar los principios reivindicados por el liberalismo clásico adquiere un tinte ¡casi subversivo! Pero, en el fondo, Laclau sólo pretende rehabilitar la intervención en el campo político institucional tal como es, tanto reconociendo su creciente rechazo popular como reafirmando su horizonte insuperable. Esta concepción exige una discusión seria, volviendo a la ineludible cuestión de la formación de un bloque social mayoritario, que Laclau tiene el mérito de plantear.

Releer a Marx desde la perspectiva de la cuestión comunista en la actualidad

Partir de estas cuestiones permite releer a Marx de una manera nueva: esta relectura permite subrayar la dimensión profundamente estratégica de su pensamiento, abierta a una posible reactualización. En efecto, aunque no sea descriptivo, su análisis del capitalismo sigue siendo inseparable de la perspectiva de la transformación radical de la realidad social, que es su condición incluso más que su consecuencia. Es esta potencia crítica, tanto teórica como militante, siempre reajustada a situaciones concretas, la que se manifiesta en particular en el campo estratégico, de una manera que ha sido muy poco enfatizada hasta ahora.

Releer a Marx de una manera nueva permite subrayar la dimensión profundamente estratégica de su pensamiento

En otras palabras, lejos de presentar a Marx como el poseedor de una verdad eterna para volver a poner en el camino correcto a quienes se desvían de ella, el propósito del libro es precisamente el contrario: dado que algunos autores renuevan hoy los temas del comunismo y el socialismo, dado que la cuestión de la alternativa siempre se busca y se forja en el seno de las relaciones sociales y de las ideas existentes en un momento dado, hay que partir de las cuestiones contemporáneas. Leer a Marx a luz de ello ayuda a reformular la gran cuestión que fue la suya y que vuelve a ser la nuestra: la de la abolición del capitalismo.

Comunismo se refiere al complejo proceso de construcción de una vía política de impugnación radical del capitalismo

Los capítulos dedicados a Marx se centran en la constante evolución de su concepción del comunismo, que para él nunca es un proyecto *llave en mano*, si bien tampoco era una noción evanescente e indefinible. El término se refiere al complejo proceso de construcción de una vía política de impugnación radical del capitalismo y de la invención permanente de los medios teóricos y prácticos para lograrlo, esbozando los contornos de la sociedad a inventar. Es por eso que su comunismo puede ser calificado como estratégico, alejado de muchas interpretaciones posteriores que le dan rigidez o simplifican sus tesis políticas.

Abordadas desde este ángulo, muchas de sus preguntas siguen siendo nuestras: ¿cuáles son las contradicciones del capitalismo y cómo podemos intervenir en ellas? ¿Cómo podemos construir organizaciones que conduzcan las luchas sociales a su fin revolucionario? ¿Cómo podemos enfrentar la cuestión del Estado y la democracia? ¿Cómo podemos transformar profundamente las relaciones sociales y el trabajo? Las revoluciones de los siglos XIX y XX tropezaron con todas estas cuestiones. Volver a Marx desde este punto de vista no es buscar respuestas prefabricadas, sino preguntas que todavía nos preocupan y análisis que en algunos aspectos siguen siendo inigualables en su fecundidad si nos cuidamos de reactivar siempre su significado político.

Cabe añadir que esta relectura contradice la tesis todavía ampliamente difundida de un Marx apolítico, o cuya reflexión política sólo se encontraría en algunos textos, los que tratan de Francia en particular, pero no en *El Capital*. Es cierto que Marx redefinió fundamentalmente y muy pronto la noción de política, negándose a desvincularla de las dimensiones económicas y sociales, inaugurando una *crítica de la economía política* que las articula. Pero, sobre todo, el análisis de Marx se centra en las contradicciones del capitalismo y en la forma de intervenir en ellas: lejos de proponer un modelo de sociedad ideal, previa a su construcción histórica y que debería completar el sentido de la historia, llama *comunismo* a su construcción política basada en la lucha de clases. Y, ayer como hoy, la lucha de ideas forman parte de esta lucha de clases.

Una de las características centrales de este comunismo marxista concierne a la transformación de las relaciones de propiedad, que constituyen el marco jurídico y social del capitalismo. Hoy en día, es común encontrar una crítica al capitalismo que denuncia el consumo y sobre todo a las y los consumidores, juzgados como incurablemente intoxicados por la dependencia hacia las mercancías. Esta crítica desarma la acción y pasa por alto la complejidad de la relación salarial, donde se anudan las condiciones de vida y el espíritu de revuelta, la aspiración a la justicia social o la adhesión a la visión competitiva del mundo, y toda la gama de sus mezclas. También pasa por alto la dimensión de la individualidad como un lugar contradictorio donde chocan aspiraciones, constricciones y consentimiento.

En las condiciones contemporáneas, la intervención comunista debe considerarse principalmente como la politización y la organización colectiva de esta cólera social que se ve renacer en todas partes, y que adopta formas contradictorias, tanto regresivas como emancipatorias. Marx piensa intensamente en esta intervención como una perspectiva para la abolición de la propiedad capitalista y del sistema salarial a gran escala, y como una reapropiación de la propia identidad, tanto individual como colectiva, tendentes al desarrollo de la autonomía, de las capacidades humanas, del control social colectivo y de la reorganización del tiempo vital. Para él, las relaciones sociales capitalistas organizan la confiscación de la actividad humana y de sus productos, y esta desposesión fundamental golpea con toda su fuerza al sujeto humano.

La reapropiación, de manera no propietaria, es un motor central de la lucha de clases, el lugar de una posible toma de conciencia más amplia. Las y los productores asociados tienen que recuperar lo que nunca han poseido realmente, pero que ahora les falta más que nunca: el control colectivo de sus condiciones de trabajo, de producción y de distribución de la riqueza producida.

Una vez redefinida la amplitud de esta reapropiación, que es el desarrollo de potencialidades inéditas, la dificultad consiste en convertirla en un objetivo político creíble y movilizador, que debe situarse en el centro de la estrategia revolucionaria: es precisamente esta cuestión la que Marx aborda tanto en *El Capital* como en sus textos políticos, ya sean de intervención o analíticos, entrelazando la cuestión de los fines y de la mediación.

Por lo tanto, es en el corazón del *laboratorio de la producción* donde debe situarse la cuestión comunista, teniendo en cuenta la multitud de sus ramificaciones sociales. Es precisamente en este punto donde la explotación y la dominación se anudan y se enfrentan a la cólera que suscitan, formando una contradicción tan profundamente económica como social e individual. Son sus capacidades, a la vez falsificadas y negadas, su emancipación vislumbrada y confiscada, las que llevan a las y los productores a luchar por la reducción del tiempo de trabajo y, a la larga, contra el capitalismo como tal. La cuestión de la propiedad se ensancha aquí a la cuestión de la emancipación, pensada como un proceso largo y complejo. Esto está muy lejos de un programa comunista que sigue siendo externo y anterior a las luchas y a sus actores.

Para una estrategia de mediación

La estrategia, de actualidad para todas aquellas y aquellos que quieren abolir el capitalismo y que piensan que una perspectiva revolucionaria reajustada a nuestro tiempo, comienza con la toma de conciencia de la dificultad y la complejidad de dicho proceso histórico. Nunca antes la humanidad ha logrado organizar el dominio colectivo de su futuro. Y es este esfuerzo gigantesco el que debemos hacer sin demora bajo la amenaza de la barbarie. Es por eso que la construcción de la alternativa reside no solo en la elaboración teórica de otro mundo, sino en la capacidad de conectarla con un proyecto de transformación radical, por un lado, y con las movilizaciones colectivas y las aspiraciones individuales tal como existen hoy, por otro.

En efecto, la construcción de esta articulación es la tarea política por excelencia. Se trata inventar las mediaciones, que no son simplemente medios, menos aún etapas, sino formas vivas, formas democráticas de organización, de movilización y de lucha, programas y proyectos elaborados colectivamente, pero también una cultura militante, en parte por reconstruir, formas de vida sociales y políticas atractivas y dotadas de fuerza de expansión; en suma, múltiples formas de la lucha de clases consciente de sus condiciones y de sus finalidades y de su carácter inseparable.

Por difícil que sea esta tarea, no está fuera de nuestro alcance: basta haber participado en una larga huelga o en una movilización duradera para saber con qué rapidez y con qué intensidad vuelve a florecer la alegría compartida de una vida social real, intensa y rica, del trabajo repensado, del tiempo liberado. ¿Cómo se puede garantizar que estas posibilidades se difundan, se consoliden y se discutan? Reflexiones en acción e intervenciones teóricas se sitúan en el punto de encuentro de las estructuras existentes, partidos, sindicatos y asociaciones, a la vez que tienen que ir constructivamente más allá de sus marcos establecidos.

¿Cómo recoger esta dinámica sin sofocarla, combatiendo tanto la lógica de la delegación como la espontaneidad sin perspectivas? ¿Cómo escapar de la doble trampa de la utopía sin lucha y de las luchas sin esperanza? De hecho, es la perspectiva de tal renacimiento estratégico la que debe ser explorada, retomando lo mejor de lo que las tradiciones socialistas y comunistas nos han legado y continuando con esta tarea. Por supuesto, ningún libro ofrece una solución, pero es urgente un verdadero debate estratégico, incluso a nivel teórico, cuidadosamente rearticulado con los retos militantes, para superar la dispersión de las fuerzas de la protesta. Es a esta confrontación revivida a la que pretende contribuir mi libro, al tiempo que reivindica el proyecto de una abolición colectiva del capitalismo. Lo que, tanto antes como ahora, se llama revolución.

Isbelle Garo es profesora de filosofía, coordina la Gran Edición
de las obras completas de Marx-Engels en francés.

Traducción: ***viento* sur**

Gran Bretaña. Las mujeres y la huelga de mineros de 1984-1985

Kelly Rogers

■ En Gran Bretaña, la huelga de mineros de 1984-1985 [bajo el gobierno de Margaret Thatcher, que comenzó en mayo de 1979] es un momento rico en lecciones e historias, a la vez trágicas y estimulantes. Una de ellas es la increíble historia de las mujeres de la cuenca minera.

El movimiento de apoyo a las mujeres de las cuencas mineras se puso en marcha apenas unas semanas después del inicio de la huelga, el 6 de marzo de 1984. En cada cuenca minera se crearon grupos de apoyo formados por mujeres locales, principalmente esposas, hermanas e hijas de mineros. Apoyaron la huelga durante 12 largos meses.

La clase

En *Never the Same Again*, publicado en 1987 (The Women's Press Ltd), Jean Stead [periodista que desempeñó un papel importante en la formación de *The Guardian* desde los años 60, fallecida en 2016] escribió sobre los valores tradicionales de las comunidades mineras. Aunque no es inusual que las mujeres trabajen, el número de mujeres con un empleo remunerado es menor en las zonas mineras que en otros lugares. Por lo general, se espera que las mujeres cuiden de los niños y niñas y se ocupen de las tareas domésticas. Jean Stead escribió:

"En el fondo, siempre supieron que estaban siendo explotadas, pero también sabían que su explotación era paralela a la de los hombres con los que compartían su vida. Por eso, en general, las esposas de los mineros no derraman contra los mineros su amargura por el pasado. Se quejan de los prejuicios de sus maridos, pero intentan cambiarlos, mientras cuidan de los niños y niñas y preparan la comida para el final del turno".

Lo que quiere decir es que este nuevo movimiento no era *feminista* en el sentido habitual de la palabra. Por supuesto, los hombres formaban parte del problema, pero su situación también era producto de la explotación de su clase.

Para las mujeres de la cuenca minera era importante demostrar que apoyaban a sus hombres. La mayoría de ellas no pretendían alterar el orden de género y se contentaban con coordinar el apoyo entre bastidores, proporcionando alimentos a los huelguistas y a sus familias. Con el tiempo, muchas mujeres se implicaron cada vez más en las dimensiones más políticas de la huelga: organizando mítines, hablando con la prensa y formando piquetes. Pero también en este caso se impuso una política de género normativa: las mujeres aparecían en los piquetes con pancartas y carteles para apoyar a los *hombres de verdad* en huelga y condenar a los esquiroles que, según ellas, habían renunciado a su masculinidad al cruzar los piquetes. Qué triste situación, decían, que estos hombres necesiten que las mujeres les pongan en su sitio.

El apoyo a la huelga no fue unánime. Muchas mujeres estaban preocupadas por el coste de la huelga para sus familias. La huelga tuvo lugar varios meses después de la prohibición de las horas extraordinarias por parte del NUM (Sindicato Nacional de Mineros), y muchos hogares ya tenían dificultades para llegar a fin de mes. La antipatía hacia Arthur Scargill [dirigente del NUM desde 1982 hasta 2002] estaba muy extendida entre las esposas de los mineros. Pero en las comunidades mineras prevalecía una fuerte cultura de solidaridad y, fuera cual fuera la opinión sobre la huelga de cada cual, para la mayoría de la gente era inconcebible romper un piquete de huelga. Muchas mujeres de la cuenca minera procedían de familias mineras y su lealtad al sindicato era profunda.

Mujeres políticas

En su nuevo libro *Women and the Miners' Strike 1984-1985* (Oxford University Press, octubre de 2023) Florence Sutcliffe-Braithwaite y Natalie Thomlinson señalan que mujeres con experiencia política dirigieron grupos de apoyo de las mujeres en muchos lugares. En algunas zonas, como Chesterfield, en Derbyshire, los grupos de solidaridad surgieron de las redes políticas existentes. Betty Heathfield, miembro del Partido Comunista de Gran Bretaña (CPGB) y esposa de Peter Heathfield, secretario general del NUM, creó allí un grupo que apoyó a Tony Benn [figura representativa de la izquierda laborista y antiimperialista nato] en las elecciones parciales de Chesterfield en febrero de 1984 [después resulto elegido repetidamente en esta circunscripción hasta 2001]. Unas semanas más tarde, era natural que el mismo colectivo se uniera para apoyar la huelga de los mineros. Las mujeres activas en la campaña por el desarme nuclear y las sindicalistas también tomaron la iniciativa.

Las mujeres de Barnsley, la ciudad natal de Arthur Scargill, fueron de las primeras en organizarse. En mayo, organizaron una marcha nacional de mujeres por la ciudad que terminó con un mitin en el Barnsley Civic Hall. Contra todo pronóstico, acudieron más de 10.000 mujeres. Jean Miller, activista política del Grupo de Apoyo de Barnsley, describió el día: “Realmente, fue la experiencia más emocionante de mi vida. El ambiente era estupendo. Había tantas mujeres que parecía que el suelo se iba a derrumbar”. Maureen Douglas, del Comité de Apoyo a los Mineros de Doncaster, habló desde el podio: “El papel tradicional de la mujer se ha visto

Los grupos de mujeres construyeron una red nacional y se organizaron conjuntamente

seriamente socavado en las últimas ocho semanas... Es una experiencia nueva: hemos tenido que empezar de cero y crear nuestras propias organizaciones. Es desalentador, pero ya se ha hecho".

Ese día marcó un punto de inflexión en el movimiento. A partir de ese día, los grupos de mujeres construyeron una red nacional y se organizaron conjuntamente. Fue el mitin de Barnsley el que inspiró la creación del colectivo *National Women Against Pit Closures* [Colectivo nacional de Mujeres contra el cierre de los pozos], lanzado oficialmente tres meses después, en agosto de 1984.

Alimentos y fondos

Las mujeres tuvieron que superar grandes obstáculos para crear sus grupos de apoyo. En South Kirby, Yorkshire, utilizaron una tienda de campaña sin agua corriente para preparar 570 comidas al día. A pesar de las dificultades, consiguieron coordinar cocinas y paquetes de alimentos a una escala colosal. El grupo de apoyo de Swansea, Neath y Dulais Valleys, en Gales, preparaba unos 400 bolsas de comida a la semana en mayo de 1984, 900 a la semana en julio y más de 1.000 a finales de diciembre. En Hatfield, Yorkshire, el grupo de apoyo servía 300 cenas al día al Centro de Bienestar de los Mineros en junio; en noviembre, preparaba 500 comidas al día y enviaba 700 bolsas de alimentos cada semana.

Los grupos de apoyo también recaudaban fondos, tanto para financiar sus actividades como para contribuir al fondo de lucha del sindicato. Muchas mujeres tuvieron que abandonar sus pueblos para viajar por todo el país y el extranjero y hablar en reuniones y mítines.

Entre julio de 1984 y septiembre de 1985, el colectivo National Women Against Pit Closures recaudó más de 710.000 libras esterlinas (casi 3 millones de libras en dinero de hoy, o 3,5 millones de euros). En Londres se recaudaron unas 40.000 libras al mes a través del Comité de Apoyo oficial de NUM Londres. Esta cifra no tiene en cuenta los innumerables esfuerzos locales de recaudación de fondos. También se recaudaron fondos a través de un programa de hermanamientos, por el que grupos de apoyo de comunidades mineras externas, locales sindicales o grupos políticos *adoptaban una mina*. *Women's Fightback* hizo un llamamiento a los grupos locales de Fightback y a las secciones femeninas del Partido Laborista para que hicieran lo mismo.

Hablar en público

Cuando los grupos de apoyo de las mujeres empezaron a atraer la atención de la prensa, a menudo fueron descritos como tradicionales y ordinarios. De hecho, se trataba de una historia convincente: un ama de casa oprimida convertida en activista. Esto pudo haber molestado a algunas de las mujeres de la cuenca carbonífera, que, en general, eran educadas, elocuentes y muy capaces.

Dicho esto, muchos testimonios muestran hasta qué punto la huelga fue un factor de transformación personal, sobre todo a la hora de hablar en público. Las mujeres participaron en ejercicios colectivos, discutiendo de política y debatiendo cuestiones sindicales. Lo hicieron con tanta eficacia que muchos de sus maridos se sorprendieron cuando tomaron la palabra en el estrado. Doreen Hamber, de Blidworth, en Nottinghamshire, habló de su experiencia:

"Me metí de lleno en el tema y me dejé llevar. No paraban de ponerme avisos delante que decían *cállate ya, cállate ya,* pero ni siquiera los miré; simplemente me dejé llevar. Cuando terminé y bajé del escenario, mi marido se me acercó y me besó. Me dijo: 'El discurso ha sido fantástico'. Estaba asombrado de que pudiera levantarme y hablar de política. Tuvo que ir a una reunión para escucharme hablar y darse cuenta de todo lo que había progresado en ocho meses".

Los piquetes de huelga

Algunos huelguistas se mostraban reticentes ante la idea de una línea de mujeres en el piquete. Además de temer por su seguridad, algunos pensaban que las mujeres agravarían las tensiones entre los huelguistas y la policía. Pero muchas mujeres estaban decididas a mostrar su apoyo de la forma más directa posible, situándose junto a sus hombres en el piquete de huelga.

En algunos casos, las mujeres se involucraron en el piquete casi por accidente. En una entrevista para *Women's Fightback,* Sheila Jow, de Thurnscoe, en Yorkshire, describió una de esas ocasiones en abril de 1984. Un grupo de mujeres había viajado a Ollerton, en Nottinghamshire, para hablar con las esposas de los mineros que estaban rompiendo la huelga. Querían convencer a las mujeres que, pensaban ellas, luego podrían persuadir a los hombres de que la huelga no era tan difícil como parecía en un principio. Mientras estaban allí, también conocieron a las esposas de los mineros en huelga, que estaban montando una cocina y pedían ayuda. Así que regresaron a Thurnscoe, reunieron algunas manos extra y, unos días más tarde, partieron de nuevo hacia Ollerton. Cuando llegaron a las afueras de Nottinghamshire, les paró la policía, que les bloqueó el autobús y amenazó con detenerles. Sheila Jow cuenta:

"Decidimos que si la policía nos iba a tratar como piquetes volantes, mejor que fuéramos piquetes volantes... Así que nos fuimos a pie a Harworth Colliery, a tres millas de distancia".

El piquete estaba formado por unas pocas huelguistas, a las que se unieron encantadas más de 35 mujeres de Thurnscoe, escoltadas por un cordón de más de 100 policías.

Los grupos de apoyo de mujeres también organizaron piquetes exclusivamente femeninos. La noche del 11 de octubre, 150 mujeres formaron un piquete frente a la mina de Florence, en West Midlands. La acción reunió a mujeres de toda la región, que habían decidido elegir esta mina por el elevado número de esquiroles, más de lo habitual. Jill Mountford, que escribía para *Women's Fightback* en aquella época, dijo: "Se decidió que toda la noche sería una celebración... La alegría comenzó en cuanto las mujeres llegaron a las puertas. Sus incesantes cantos, bailes y burlas generaron energía, confianza y solidaridad". Esa noche consiguieron rechazar a tres esquiroles.

Los piquetes de mujeres fueron tratados con extrema violencia por la policía. Fueron arrastradas, empujadas y golpeadas. Fueron detenidas y acosadas mientras estaban bajo custodia. Aggie Currie fue detenida tras formar un piquete en Nottinghamshire: "Te pegan, no les importa si eres hombre o mujer". La ahora famosa foto de Lesley Boulton, de Mujeres contra el Cierre de Fosos en Sheffield, siendo atacada por un policía armado con una porra a caballo durante la batalla de Orgreave, en junio de 1984, es quizá la mejor ilustración.

Comisión Nacional de Mujeres Contra el Cierre de Pozos (NWAPC)

La conferencia inaugural de la NWAPC se celebró en Barnsley en julio de 1984. Asistieron unas cincuenta mujeres de diversos grupos de apoyo. Un *grupo reducido* se reunió con Arthur Scargill y Peter Heathfield antes de la conferencia para discutir la dirección de la organización. La dirección del NUM quería asegurarse de que la facción eurocomunista *anti-Scargill* del Partido Comunista Británico -CPGB- (Scargill estaba próximo al ala estalinista del partido) no pudiera ocupar puestos de influencia. Esta división perduró durante toda la huelga, y Scargill mantuvo a raya a la organización.

Los *scargillistas* querían limitar la afiliación de las esposas de los mineros para minimizar la influencia política exterior. Otros querían construir un movimiento que aprovechara la fuerza de sindicalistas, socialistas y feministas que se comprometieran a ayudar. En la conferencia de noviembre en Chesterfield, sólo tres delegadas no eran esposas de mineros. Dos de ellas, Ella Egan e Ida Hackett, ambas eurocomunistas, abogaron por "establecer vínculos con el movimiento pacifista y las organizaciones progresistas de mujeres". Esperaban que la construcción de un *frente popular* con esa orientación apoyaría la huelga, a la vez que remodelaría la política de la clase obrera para que fuera más inclusiva en relación al movimiento feminista y a otros movimientos sociales. Betty Heathfield se opuso a esto, defendiendo la línea de Scargill: la única prioridad del NWAPC era apoyar las estrategias del NUM. Heathfield y otros partidarios de Scargill ganaron el debate, pero las tensiones continuaron en muchos grupos locales. En algunos casos, como en Barnsley, los colectivos de apoyo se dividieron por cuestiones como éstas.

Greenham Common

El feminismo fue a veces un tema controvertido en los pueblos mineros. Una mujer, entrevistada justo después de la huelga por Betty Heathfield, equiparó el feminismo con la antifamilia:

> "Conocimos a muchas feministas y fuimos insultadas por muchas feministas. No es que quisieran insultarnos, pero seguimos queriendo ser mujeres casadas. Seguimos queriendo amar a nuestros maridos. Amar a nuestros hijos".

No obstante, se establecieron importantes vínculos con el movimiento feminista en el sentido amplio del término. En el verano de 1984, se contrataron autocares para llevar a las mujeres del campamento de *Greenham Common* **1/** a los piquetes de Gales y Nottinghamshire. Jean Stead describe estas visitas:

"Llegaban a los centros de apoyo de forma inesperada e impulsiva, como hacían casi siempre. De repente aparecía un grupo en el grupo de apoyo a los mineros... oliendo a humo de leña. Y empezaban a hablar preocupadas por no entrometerse en el mundo extremadamente privado de las comunidades mineras; sin embargo, estaban decididas a ayudar en lo que hiciera falta".

Las mujeres de *Greenham* crearon su propio distintivo –"En Greenham o en el piquete"– y pasaron el resto del verano haciendo piquetes junto a los mineros y sus familias. A cambio, las mujeres de las comunidades mineras visitaron *Greenham Common* y se forjaron lazos de solidaridad y amistad entre los dos *campamentos*.

Ahora bien, hubo profundos desacuerdos políticos. *Greenham* era un campamento pacifista y las mujeres discutían con los mineros llamando a la no violencia en los piquetes, una postura que fue recibida con incomprensión. Los mineros se enfrentaban a batallas diarias con la policía. [Para ellos] La no violencia no era una opción. En algunos casos, las mujeres de *Greenham* convencieron a los mineros para que organizaran protestas con sentadas, pero estas experiencias resultaron desastrosas. Lynn Clegg describe un intento de sentada en Hatfield, Yorkshire, en agosto de 1984:

"Los muchachos fueron apaleados hasta la muerte... [Ni siquiera] tuvieron la oportunidad de entender [lo que pasaba] o levantarse. La policía entró con porras, golpeando a todo el mundo y un chico fue ingresado en cuidados intensivos. Fue el peor día que conocimos en Hatfield".

Esquiroles

En Nottinghamshire, más de 27.000 mineros rompieron la huelga. Fue la batalla decisiva del conflicto: mineros contra mineros. Durante toda la huelga, mineros procedentes de otros lugares viajaron para formar piquetes en las minas de Nottinghamshire. Miles de policías altamente entrenados y semimilitarizados fueron enviados para aterrorizar a estos *piquetes volantes* y a los huelguistas locales.

Quienes se declararon en huelga, y las mujeres que les apoyaron, lucharon para salir adelante. Las mujeres de Nottinghamshire se vieron obligadas a ocupar centros de asistencia social para poder volver a poner en marcha

1/ El Campamento Femenino por la Paz de *Greenham Common* fue un campamento de protesta pacifista contra la instalación de misiles nucleares en la base de la Real Fuerza Aérea de Greenham Common, en Berkshire, uno de los condados más antiguos de Inglaterra y sede del castillo de Windsor (Red. *Al'Encontre*).

sus cocinas. En la mina de Clipstone un grupo de mujeres tomó un centro juvenil perteneciente a la National Coal Board [empresa gestora de la industria del carbón, creada en 1946]. Elsie Lowe, una de las responsables de la ocupación, describe la situación de entonces: "La gente empezaba a tener hambre. Sabíamos que literalmente mil personas no tenían nada que comer... Sabíamos que teníamos que hacer algo". Tras seis noches de ocupación, los administradores accedieron a cederles un espacio y se trasladaron al centro St John's Ambulance, donde sólo había un viejo y sucio horno. "¡Lo primero que hicimos fue limpiar la cocina!".

En algunos antiguos pueblos mineros, las divisiones aún se sienten con fuerza. En Nottinghamshire, los huelguistas tuvieron que enfrentarse a una violencia extraordinaria por parte de la policía, que puso los pueblos bajo asedio. Los coches de policía recorrían las calles día y noche, los agentes golpeaban los piquetes al azar y entraban por la fuerza en las casas de los mineros en huelga para detenerlos. John Lowe, el marido de Elsie Lowe, fue detenido mientras estaba sentado en la hierba fuera de su mina: "Seis policías se abalanzaron sobre mí a la vez y encima me acusaron de golpear a dos policías y causar lesiones corporales".

Un grupo de mujeres de Nottinghamshire acudió a la Marcha de las Mujeres en Barnsley en mayo de 1984. Cuentan que al principio se sintieron culpables: "La gente parecía pensar que todas éramos esquiroles, no se daban cuenta de cuántas huelguistas había en el condado". Pero al poco tiempo fueron aclamadas como héroes y colocadas en un lugar destacado en medio de la manifestación. Marcharon orgullosos por Barnsley cantando "¡Notts está aquí! ¡Notts está aquí!". Fue una grata recompensa por los sacrificios y penurias que habían soportado.

El NUM

En junio de 1984, Jean McCrindle, del WAPC de Sheffield, escribió al *Sunday Times* pidiendo que se permitiera a las mujeres de los grupos de apoyo afiliarse al NUM como personas asociadas. El NUM de Yorkshire y el sindicato en su conjunto se opusieron abrumadoramente a la idea, pero el debate resultó importante. Incluso cuando se trataba de dirigir cocinas, el sindicato impedía a menudo que las mujeres lo hicieran. En Hetton, condado de Durham, las mujeres insistieron para que se organizase una reunión para acordar las actividades del colectivo. Fue una experiencia humillante: "Las mujeres tuvieron que sentarse en las escaleras, esperando a que los hombres decidieran si les daban permiso para servirles en los comedores". En Woolley Edge, cerca de Barnsley, Betty Crook vivió una experiencia similar. En una entrevista para *Women and the Miners' Strike,* recuerda que tuvo que utilizar la fuerza para conseguir lo que quería:

> "Me convocaron a una reunión con sindicalistas sobre la asistencia social de los mineros, y lo primero que me dijeron fue que no podíamos dirigir el comedor. Respondí: *Claro que podemos.* Nos dijeron: *No sabéis cómo hacerlo.* Respondí: *Claro que sabemos.* Me dijeron: *No*

tenéis cubiertos ni vajilla. Respondí: *Tenemos todo lo necesario*. Me dijeron: *No podéis garantizar el comedor*. Respondí: *Lo haremos*".

Una se pregunta por qué las secciones locales del NUM actuaban así. En algunos casos era sexismo puro y duro: los miembros de estas secciones pensaban que las mujeres debían quedarse en casa y no implicarse en los asuntos sindicales. Pero las mujeres también socavaron el sindicato. Jean Stead escribe:

"Las mujeres se dieron cuenta de que ellas mismas eran más rápidas para iniciar proyectos, para llevarlos a cabo, para tener ideas y ponerlas en práctica... Los hombres eran más lentos y conservadores, menos inspirados. Por eso tenían miedo de dejar que las mujeres se acercaran al sindicato".

Algunas de las mujeres afiliadas al NUM trabajaban en los comedores de los pozos mineros como limpiadoras o administrativas. Para estas mujeres a menudo era difícil implicarse en el sindicato. Jean Stead cuenta la historia de Alfreda Williamson, una trabajadora de comedor de 18 años en huelga. Todas las mañanas, a las 4, preparaba té en la sala de descanso antes de unirse al piquete a la puerta de la mina de carbón de Murton, en Durham. Más tarde, volvía a la cantina para hacer el té antes de lavar la vajilla. "Trabajábamos mucho más que los hombres, y se lo dije a algunos de ellos cuando vinieron a quejarse", dice. Pidió unirse a las demás huelguistas en el autobús NUM que iba al piquete y que la dejaran hacer el té, pero el sindicato no accedió. A pesar de ello, luchó para convencer a las demás trabajadoras del comedor del NUM para que apoyaran la huelga, una batalla que a menudo perdió: "En su fuero interno, las que volvieron a trabajar lo hicieron porque el sindicato nunca se preocupó por ellas".

Fin de la huelga

La asamblea que decidió poner fin a la huelga tuvo lugar el 3 de marzo de 1985. Una ajustada votación -98 delegados contra 91- devolvió a los mineros al trabajo tras horas de tenso debate. Las consecuencias fueron amargas. 10.000 mineros fueron detenidos durante la huelga y cientos fueron encarcelados. Más de mil fueron despedidos. Varios autocares de mineros escoceses despedidos se encontraron con los delegados cuando abandonaban la Casa del Congreso. Mientras Scargill confirmaba los resultados, uno de ellos gritó: "Os dimos nuestros corazones, os dimos nuestra sangre, os lo dimos todo y nos vendéis... Estáis embreados y emplumados con el resto de bastardos sarnosos". Y se echó a llorar.

Las mujeres estaban igual de desoladas. Al comienzo de la huelga, Sheila Jow se había dirigido a *Women's Fightback* y había dicho: "Comeremos hierba antes de volver. Tenemos que luchar hasta el final". Algo que se repitió miles de veces en reuniones y mítines por todo el país. En su retrospectiva de 1987, Jean Stead escribió:

"Casi todas las mujeres se oponían a que los mineros volvieran al trabajo. No habían soportado un año entero de privaciones y penurias para ceder en ese momento... Pero, al final, no tenían voto ni voz real en el asunto".

Los mineros volvieron al trabajo bajo las banderas de los sindicatos. En muchos sitios, los grupos de apoyo a las mujeres ocuparon su lugar en el frente.

Una semana después de la fatídica votación, Ian McGregor, presidente de la Junta Nacional del Carbón, afirmó: "La gente está descubriendo ahora el precio de la insubordinación y la insurrección. Y vamos a asegurarnos de que no lo olviden". Se perdieron miles de puestos de trabajo en los primeros meses tras el fin de la huelga. En 1991, sólo quedaban 15 de las 174.000 minas y se habían perdido 160.000 empleos.

La situación de las familias de los mineros era desastrosa: las deudas se habían acumulado durante la huelga y ahora tenían que pagar facturas, alquileres e hipotecas que se habían congelado. Los colectivos de mujeres continuaron funcionando en algunos lugares durante otros dos años para ayudarles.

No olvidar la huelga

En 1985, el WAPC de North Yorkshire publicó un folleto titulado *Huelga 84-85*. El prólogo dice:

"En las cuencas carboníferas hay una nueva generación de mujeres que tienen la edad de la huelga y que se han ganado la admiración de la gente de todo el mundo. No lucharon detrás de sus hombres, sino codo con codo con ellos. Cuando se escriba la historia de la huelga, todo el mundo estará de acuerdo en que las mujeres fueron magníficas".

Sindicalistas, socialistas y feministas compartieron sus conocimientos y pasaron un año construyendo quizás la más impresionante solidaridad que haya conocido nunca el país

Esto reproduce una narrativa habitual y bastante condescendiente: antes de la huelga, las esposas de los mineros eran atrasadas y sencillas, pero la huelga las transformó. Esta narrativa pasa por alto a las innumerables activistas de las comunidades mineras que construyeron el movimiento de apoyo desde la base, así como a los sindicalistas, socialistas y feministas que compartieron sus conocimientos y pasaron un año construyendo quizás la más impresionante solidaridad que haya conocido nunca el país.

Pero es cierto que las mujeres no se limitaron a *apoyar a sus hombres*. Se convirtieron en las líderes de la huelga. Muchos miembros del NUM querían asegurarse de que las mujeres siguieran siendo auxiliares del sindicato, proporcionando alimentos y fondos, pero manteniéndose al margen de la política. Al final, muchas de ellas se convirtieron en las responsables de la toma de decisiones en sus hogares, asegurándose de que sus hombres seguían la línea. Viajaron por el país y por el extranjero para hablar en reuniones y mítines. Libraron sus propias batallas políticas para decidir las estrategias de su movimiento. Sin su esfuerzo, los mineros nunca habrían podido hacer huelga durante tanto tiempo.

Las líneas de la guerra de clases quedaron al descubierto con la huelga de los mineros. El gobierno de Thatcher se propuso destruir una de las industrias mejor organizadas del país y, al hacerlo, allanó el camino para la sociedad desregulada de desigualdad rampante en la que vivimos hoy. Cuarenta años después, es más importante que nunca echar la vista atrás y aprender las lecciones de aquel año decisivo. Y también podemos inspirarnos en las historias de coraje, solidaridad y orgullo que jalonaron la huelga.

Cuando se desconvocó la huelga, la esposa de un minero y activista, Marlene Thompson, escribió un poema para conmemorar el día:

"Con la cabeza alta seguiremos luchando
Pero un esquirol sigue siendo un esquirol hasta que muere".

https://alencontre.org/societe/syndicats/grande-bretagne-les-femmes-et-la-greve-des-mineurs-de-1984-1985.html

Traducción: ***viento* sur**

Hormonas, ciencia y política: Trascender el esencialismo heteropatriarcal

Maite Arraiza

■ Corren tiempos de auge de los esencialismos. El reciente ascenso de la ultraderecha y los neofascismos y el resurgir, con una violencia inusitada, del esencialismo dentro de un sector feminista convergen, permeados de xenofobia y colonialidad, dando como resultado alianzas tan insólitas como preocupantes. El esencialismo sexo-genérico tiene consecuencias políticas discriminatorias y excluyentes para múltiples cuerpos y subjetividades, y uno de los elementos que lo apuntalan son las hormonas.

A las hormonas se les ha atribuido el honor de ser una de las portadoras de la esencia de la masculinidad y de la feminidad, y están en el centro de las historias que nos contamos a nosotras mismas. Hace tres meses, una compañera feminista resumió y concluyó su relato sobre una pelea que acababa de acontecer en el Casco Viejo de Iruñea con las siguientes palabras: "demasiada testosterona". En mayo de 2022, Pedro Sánchez acusaba a Santiago Abascal de realizar un alarde de testosterona cada vez que sube a la tribuna. Jordi Évole, en uno de los episodios del programa *Salvados*, les pregunta a Irene Montero e Inés Arrimadas si no hay mucha testosterona en la política. En el deporte, la supremacía de la testosterona llega incluso a imponer los límites del sexo-género y los de la jerarquía racial: diversas atletas, muchas de ellas africanas y pertenecientes al selecto grupo de mejores corredoras del mundo, excluidas de sus modalidades por superar los niveles endógenos de testosterona permitidos.

El sistema heteropatriarcal se condensa en determinados discursos científicos sobre las hormonas, que al mismo tiempo lo apuntalan

Y es que no es solo que la sexogenerización llegue a tal nivel de profundidad, que las hormonas mismas se han convertido en sexo-genero, es decir, la testosterona sinónimo de masculinidad y los estrógenos de feminidad, sino que el sistema heteropatriarcal se condensa en determinados discursos científicos sobre las hormonas, que al mismo tiempo lo apuntalan.

Hormonas: Discursos científicos, industria farmacéutica e imaginarios sociales

Numerosos científicos y científicas afirman que los diferentes comportamientos, habilidades y preferencias de hombres y mujeres, así como la identidad sexo-genérica, incluyendo a personas trans y cis, están determinados de por vida por la acción genética y eminentemente hormonal. De acuerdo a la teoría organizacional-activacional (O/A), la acción pre- y neonatal genética y hormonal, en concreto, la testosterona, organiza un cerebro masculino en útero (efectos organizacionales), mientras que su ausencia uno femenino. A partir de la pubertad, los niveles hormonales (la testosterona circulante) activarían muchos de estos patrones cerebrales y comportamentales permanentemente fijados (efectos activacionales). De este modo, que las niñas prefieran jugar con muñecas y los niños con balones y coches, así como la notable mayor violencia, también sexual, agresividad, motivación para competir y ventaja atlética de los hombres se deben a la testosterona (Hooven, 2021; Swaab y Bao, 2013).

Si introducimos las palabras *testosterona* y *estrógenos* en el buscador, en el caso de la testosterona, nos encontramos principalmente con hombres hipermusculados, atractivos, poderosos, preparados para la competición y el éxito social; mientras que en el caso de los estrógenos priman las imágenes de su estructura química molecular y el ciclo menstrual. En esta estampa digital, contrasta asimismo la visibilidad de los hombres y su proyección hacia fuera, con la invisibilidad de las mujeres y su proyección hacia dentro **1/**. Las denominadas *hormonas sexuales* no solo se caracterizan de forma dimórfica y dicotómica, sino que condensan la rígida jerarquía sexo-genérica y la dominación masculina. Así la denomina Carole Hooven: "King T".

La esencialización química del sexo-género es fruto de un complejo proceso histórico de molecularización de las gónadas a las hormonas, que tiene como uno de sus hitos la extracción, purificación y síntesis de las *hormonas sexuales* en las décadas de 1920-1930 (Fausto-Sterling, 2020; Oudshoorn, 2005). Más allá de que los primeros equipos científicos que las aislaron trabajaban ya en estrecha colaboración con las compañías farmacéuticas, los científicos seleccionaron qué hormonas serían y harían qué, dejando fuera los procesos y funciones que no tenían que ver con la reproducción y las características sexuales. En este proceso, el nuevo campo de la endocrinología sexual transformó "el concepto teórico de hormonas sexuales en realidades materiales: sustancias químicas con sexo propio" (Oudshoorn, 2005: 42, traducción propia). Las compañías farmacéuticas, además de financiar esta creación, reforzaron su existencia dimórfica mediante fármacos hormonales para hombres y para mujeres.

Desde que en 1931 sale a la venta *Hombreol,* se han sucedido innumerables productos hormonales altamente rentables con consecuencias trágicas a la par que emancipadoras, consumidos principalmente por mujeres cis -lo que, entre otras cuestiones, problematiza la idea de feminidad esencial y exclusivamente biológica-, en menor medida por hombres cis y empleados asimismo por personas trans.

Disputando el carácter sexo-genérico de las *hormonas sexuales*

Uno de los problemas con las hormonas sexuales es que en las mismas décadas en las que se aíslan encuen-

1/ Miquel Missé y Sam Fernández realizaron este experimento en 2018, cuando el contraste era aún más acusado. Véase https://www.cccb.org/es/multimedia/videos/miquel-misse-y-sam-fernandez/230059

tran ya hormonas femeninas en los testículos y hormonas masculinas en los ovarios, lo que ponía en jaque el sistema hormonal binario, dicotómico y heteronormativo, además de convertirlas en inservibles para determinar un único sexo-género en un cuerpo. Al hecho de que todos los cuerpos, independientemente de su identidad sexo-genérica, produzcan ambas hormonas, hay que sumarle que ya en la década de 1930 fueron clasificadas como esteroides, derivadas del colesterol (Fausto-Sterling, 2020; Oudshoorn, 2005). El proceso a nivel celular, a través del cual se sintetizan las distintas hormonas esteroides a partir del colesterol, la esteroidogénesis, muy habitual en todos nuestros cuerpos, también desafía el marco binario. Por ejemplo, la progesterona se transforma en andrógenos o el estradiol se sintetiza a partir de la testosterona por medio de la enzima aromatasa. Por eso, muchos culturistas que toman anabolizantes toman inhibidores de aromatasa, para evitar los efectos estrogénicos de la testosterona como el aumento de pecho.

Las hormonas esteroides, incluidas las apodadas *sexuales*, además de por los ovarios y testículos, son sintetizadas y secretadas por las glándulas suprarrenales y la placenta. Se sintetizan, asimismo, en una multiplicidad de tejidos como el hígado, el cerebro, el páncreas, los riñones, la piel, los vasos sanguíneos, los huesos o el tejido adiposo. En lo que respecta a su función, participan en múltiples procesos corporales, entre otros, homeostasis, desarrollo y mantenimiento óseo y de la piel, actividades neuronales, respuesta inmune y al estrés, desarrollo de características corporales y comportamentales sexo-generizadas o reproducción; y a nivel celular regulan el crecimiento, la diferenciación y la fisiología de las células, así como la muerte celular programada. Por lo tanto, las *hormonas sexuales* no son específicamente sexuales, ni en origen, ni en función (Fausto-Sterling, 2020). Su participación en el desarrollo de características sexo-generizadas no resulta suficiente para otorgarles el restrictivo título de sexuales; todavía menos, para caracterizarlas con sexo-género propio.

La falaz ley de la testosterona y la exclusión de mujeres en el deporte

Si bien cada vez son más quienes se suman a la propuesta de Anne Fausto-Sterling de deshacerse de esta metáfora organizadora, las hormonas femeninas y masculinas y sus relatos parecen encontrarse todavía en plena forma. Uno de los elementos que repetidamente se emplean para sostener esta narrativa son los niveles de testosterona **2/** –es la superioridad masculina la que está en juego– y un campo fértil para su apuntalamiento, el deporte.

En 2015, el Comité Olímpico Internacional (COI) publica unas directrices, *Reunión de Consenso del COI sobre Reasignación de Sexo e Hiperandrogenismo*, que fijan por debajo de 10 nanomoles por litro (nmol/L) de sangre el nivel máximo de testosterona permitido para las deportistas trans y con lo que

2/ Aunque los niveles de testosterona varían dependiendo de una multiplicidad de factores, y cantidades pequeñas pueden tener efectos grandes, la concentración de testosterona en circulación es, de media, notablemente mayor en hombres que en mujeres; pero el 10-15% de solapamiento entre los niveles de mujeres y hombres implica que los niveles de testosterona no son dimórficos (Fine, 2017; Jordan-Young y Karkazis, 2019).

denominan "hiperandrogenismo", a no ser que puedan probar que tienen una resistencia tal a los andrógenos que no presentan una ventaja competitiva. La *solución* para las deportistas trans e intersex que sobrepasan este límite y *quieran* poder competir en categorías femeninas: reducir *médicamente* sus niveles endógenos de testosterona.

La política centrada en la testosterona ha generado muchas críticas, no solamente por ser discriminatoria para las atletas trans e intersex, sino por parte de quienes se oponen fervientemente a que, incluso reduciendo sus niveles de testosterona, las atletas trans compitan en categorías femeninas. La organización española Alianza Contra el Borrado de las Mujeres demanda juego limpio vía tuit en 2021 y denuncia que "sobra testosterona en el deporte femenino porque @Olympics y las leyes de autodeterminación del sexo permiten a varones competir contra mujeres". Incluso publica un vídeo rotulado "Testosterona alert", en el que van sucediéndose nombres e imágenes de deportistas trans, acompañadas de un medidor de testosterona.

Más allá del paradójico y reiterado hecho de deslegitimar y acusar a las mujeres trans en vez de problematizar el sistema sexo-género, en este caso, bajo el mandato de la supremacía física y deportiva absoluta de los hombres sobre las mujeres, la asunción de que la testosterona determina el rendimiento deportivo parece cuestionable. Esta es la conclusión a la que llegan Healy *et al.* (2014), tras analizar los niveles de testosterona en sangre de 693 atletas de élite de quince categorías deportivas después de la competición. A pesar de las diferencias en el nivel medio de testosterona entre las y los atletas, debido al solapamiento de los rangos de concentraciones y a la inexistencia de separación clara entre los niveles de testosterona de unos y otras **3/**, califican de insostenible la decisión del COI de limitar la participación a las atletas de élite con un nivel *normal* de testosterona.

El paradójico y reiterado hecho de deslegitimar y acusar a las mujeres trans en vez de problematizar el sistema sexo-género

Tanto es así, que en noviembre de 2021 el COI publica un nuevo marco, *Marco del COI sobre Equidad, Inclusión y No Discriminación sobre la base de la Identidad de Género y las Variaciones de Sexo, en* el que se desdice del anterior. Considera que no se puede excluir a ninguna atleta de la competición por ser trans o intersex, ni por supuestas ventajas injustas científicamente no demostradas. No obstante, pese a instar a las federaciones internacionales y a otras organizaciones deportivas a tener en cuenta el marco, no es un marco regulador y el COI deja en sus manos decidir los criterios y normas a seguir.

3/ Los niveles del 16,5% de los hombres estaban por debajo del rango masculino típico, mientras que los del 13,7% de las mujeres por encima del rango femenino típico. Los del 4,7% de estas deportistas entraban dentro del rango masculino típico, y los de tres de ellas estaban en el límite superior del mismo.

Las respuestas no se han hecho esperar. La World Rugby prohíbe a las deportistas trans competir en categorías femeninas, igual que la Unión Ciclista Internacional (UCI), quien les permite competir en una serie de pruebas no profesionalizadas, en la irónicamente renombrada categoría *Hombres/Abierto* (Men/Open). Tanto la World Athletics como la World Aquatics establecen que las atletas trans solo podrán competir si no han experimentado ningún elemento de pubertad masculina antes de los doce años –y la segunda añade: y mantenido los niveles de testosterona en sangre por debajo de 2,5 nmol/L desde entonces–; es decir, prohíben a las deportistas trans competir. En el caso de las deportistas intersex que no tengan insensibilidad completa a los andrógenos, la World Athletics obliga a mantener los niveles de testosterona por debajo de los 2,5 nmol/L y la World Aquatics es todavía más restrictiva.

La política que excluye a las deportistas en base a supuestos e impuestos niveles de testosterona se inscribe en una larga tradición de persecución a las mujeres en el deporte

Hay tantas diferencias entre las disciplinas deportivas, entre las múltiples capacidades físicas –incluso dentro de ambas– profundamente influidas por el entrenamiento, y no físicas, y en las condiciones materiales y estructurales que contribuyen al rendimiento deportivo, que la idea de que la testosterona es su ingrediente principal es "francamente absurda" (Jordan-Young y Karkazis, 2019: 164). La política que excluye a las deportistas en base a supuestos e impuestos niveles de testosterona se inscribe en una larga tradición de persecución a las mujeres en el deporte. Esta política, mezcla de ciencia y mito, se inserta en una organización social del deporte binaria y patriarcal, en un mundo que claramente excede el binarismo.

Problematizando causalidades: agresividad, poder e identidad

En las últimas décadas el poder genético-hormonal cuasiabsoluto y fijador en relación a la configuración cerebral, identitaria y comportamental ha sido cuestionado. Por un lado, aunque los genes y las hormonas esteroides afectan el cerebro, lo hacen entrelazadas con multitud de factores epigenéticos, fisiológicos y ambientales, como el género y el estatus socioeconómico, que operan e interactúan de manera múltiple a nivel cerebral. Por otro, no existe tal cosa como *cerebro femenino/cerebro masculino*: ni las medidas cerebrales –tanto a nivel estructural como funcional– son sexualmente dimórficas, debido al solapamiento, mayormente amplio, entre mujeres y hombres cis, lo que significa que las diferencias entre amb*s, en general, son pequeñas; ni los cerebros parecen ser internamente consistentes, sino que presentan variabilidad de características más comunes en mujeres cis, más comunes en hombres cis y comunes en amb*s. De modo que cada cerebro es un mosaico de diferencias único, particular y cambiante (Fine, 2017; Sanchis-Segura, 2020).

Este solapamiento sustancial se ha observado también en la mayoría de variables cognitivas, comportamentales y de personalidad, de manera que las diferencias grupales entre mujeres y hombres, en general, son pequeñas o triviales. Hay algunas excepciones, como la rotación mental o la agresión física, y evidencias de que estas diferencias son dependientes del aprendizaje y el contexto (Hyde, 2014).

Jordan-Young y Karkazis (2019) analizan los principales estudios criminológicos que han ayudado a establecer la idea de que la testosterona en los hombres causa o conduce a la violencia y la agresividad **4/**. Constatan que, además de definir este vínculo como "débil" e "inconcluyente", estos estudios presentan gran problematicidad conceptual y metodológica y las evidencias a menudo no respaldan la hipótesis; mientras que los estudios que cumplen los criterios de excelencia han encontrado que la testosterona no tiene ningún efecto en el comportamiento ni en los sentimientos agresivos. Incluso la versión evolutiva moderna que presenta a la testosterona como cómplice en vez de como perpetradora es para las autoras un "hecho zombie": un hecho que no muere, por mucho que nuevos estudios lo refuten y nuevos modelos lo reinterpreten.

Las hormonas no causan el comportamiento, ayudan a ajustar nuestro comportamiento a determinados contextos y situaciones, son parte de nuestra habilidad, de nuestra biología dinámica para responder al medio físico, social y cultural. Hay una relación de entrelazamiento entre las hormonas y el medio: el contexto social modula los niveles hormonales, que influyen en el comportamiento, que afecta a su vez el resultado social, que modula los niveles hormonales, etc. (Fine, 2017). Los niveles hormonales cambian influidos por una multiplicidad de factores, que incluyen el ciclo menstrual, la menopausia, la estación del año, el momento del día, la edad, las actividades y comportamientos propios y los de l*s demás, factores fisiológicos o fármacos. Esta variabilidad hormonal, además, se da en cada cuerpo: cada perfil hormonal es único y cambiante.

Vivimos en un sistema en el que los estereotipos y las normas de género lo atraviesan todo. Una de estas normas promueve la agresividad en los hombres y la penaliza en las mujeres. La noción de que la testosterona es la cómplice de la mayor agresividad masculina y la violencia cisheteropatriarcal oscurece el carácter estructural y sistémico de esta violencia, anclándola en la incapacidad de gestión de algunos hombres de sus niveles de testosterona. De esta forma, no solo obvia el modo en el que las estructuras y normas sociales son literalmente incorporadas, configurando el cerebro y el sistema endocrino, sino que dificulta su transformación. En palabras de Fine: "El gran error es confundir la persistencia del *statu quo* con los dictados de la testosterona" (2017: 150, traducción propia).

Los efectos sociales del género en la biología hormonal se han observado en relación a diversos comportamientos, incluidas la agresividad y el ejercicio de poder. Van Anders *et al.* (2015) realizaron un experimento con mujeres y hombres que tienen que ejercer poder (un tipo de competición) despidiendo un empleado, y midieron sus niveles

4/ Analizan, fundamentalmente, cómo la testosterona ha sido empleada para esencializar la raza y la clase.

de testosterona antes y después. Independientemente del modo en el que lo realizaron (de forma estereotípicamente masculina o femenina), el ejercicio de poder aumentaba los niveles de testosterona en mujeres, pero no en hombres **5/**. Las autoras concluyen que hay una relación del género a la testosterona mediada por el comportamiento competitivo. Es decir, que es la competición, más que la masculinidad, la que modula la testosterona y que las normas de género que impulsan a los hombres a ejercer poder, y a las mujeres a evitarlo, junto a factores hereditarios, podrían explicar por qué los niveles de testosterona son más altos en hombres.

Las identidades sexo-genéricas, fenómenos culturales que se entretejen en el cuerpo, fenómenos complejos en los que participan múltiples dimensiones entrelazadas (histórica, social, cultural, biológica, política, discursiva, tecnológica), están profundamente influidas por las normas y expectativas de género. Esto no quiere decir que no podamos subvertirlas y transformarlas, también en nuestros cuerpos e identidades, pero sí que, desde que nacemos, van siendo incorporadas hasta el sistema nervioso central, almacenadas en la memoria y ligadas al desarrollo emocional a través de la interacción con las/os cuidadoras/os y otras/os, es decir, mediante el tacto, el lenguaje, el movimiento, la expresión facial, el afecto y los colores, juguetes y ropas, etc. (Fausto-Sterling, 2020). Aunque la mayoría de niñ*s afirman una identidad sexo-genérica en torno a los tres años, la identidad se desarrolla en un proceso dinámico de por vida, con más o menos estabilidad o fluidez según los casos. Mientras que en algunas personas cambia la identidad y/o la categoría para denominarla, y otras alternan, con muy diversas frecuencias, distintas identidades, a menudo la categoría identitaria permanece constante a lo largo de la vida. Pero en todos los casos acontecen cambios en la anatomía, la fisiología, la subjetividad, las experiencias e incluso la identidad.

Conclusión: entrelazamiento, multiplicidad y devenir

Deshacer el nudo hormonal esencialista y heteropatriarcal requiere reponsar las hormonas a la luz de tres conceptos clave: multiplicidad, entrelazamiento y devenir. La metáfora *hormonas sexuales*, núcleo de este nudo, queda desarticulada cuando se evidencia la multiplicidad constitutiva de los esteroides, tanto en lo que respecta a su origen, función, efectos en los cuerpos y subjetividades como a los niveles y perfiles hormonales corporales. Esta multiplicidad desintegra no solo su conceptualización binaria, dicotómica y heteronormativa, sino su mismo carácter sexo-genérico.

Los análisis feministas han problematizado también causalidades y reconceptualizado la actuación de las hormonas esteroides en relación a diversos comportamientos, que se da a través de su entrelazamiento con el medio, en

5/ Esto podría deberse, por un lado, a que los niveles de base de testosterona más bajos son más fáciles de aumentar que los altos. Por otro, la alta frecuencia competitiva –fomentada en este caso por las normas de género– podría reducir la sensibilidad a eventos competitivos cotidianos, mitigando la respuesta de la testosterona a los mismos; en los más infrecuentes sí se observa un aumento de la testosterona. Así, consideraciones evolutivas podrían constreñir la modulación social de la testosterona.

un proceso continuo y dinámico, en el que el medio físico, social y cultural, configurado relevantemente por el género, la raza, la clase, etc., modula los niveles hormonales que influyen en el comportamiento. Las hormonas esteroides, aunque relevantes, son *uno* de los múltiples elementos biológicos, sociales, culturales, históricos, discursivos, políticos y tecnológicos que, entrelazados, participan en el complejo proceso de co-constitución y desarrollo de las identidades sexo-genéricas. Del mismo modo, cambian y evolucionan, es decir, igual que las identidades, están en devenir.

Ya va siendo hora de que desterremos la hegemonía de la testosterona, y todo lo que ella condensa, de nuestro (in)consciente, lenguaje e imaginario colectivo, ya que blanquea, reproduce y apuntala el orden cisheteropatriarcal.

Maite Arraiza Doctora en Filosofía por la UPV/EHU,
investigadora postdoctoral en la Università Pegaso y activista feminista

Referencias

Fausto-Sterling, Anne (2020) *Cuerpos sexuados. La política de género y la construcción de la sexualidad.* Santa Cruz de Tenerife: Melusina.

Fine, Cordelia (2017) *Testosterone Rex: Unmaking the Myths of Our Gendered Minds.* Londres: Icon Books.

Healy, Marie L.; Gibney, James; Pentecost, Claire, Wheeler, M. J. y Sonksen, Peter H. (2014) "Endocrine profiles in 693 elite athletes in the postcompetition setting" *Clinical Endocrinology,* 81(2), pp. 294-305.

Hooven, Carole (2021) *The story of testosterone, the hormone that dominates and divides us.* Nueva York: Henry Holt and Company.

Hyde, Janet S. (2014) "Gender similarities and differences". *Annual Review of Psychology, 65,* pp. 373–398. California.

Jordan-Young, Rebecca M. y Karkazis, Katrina (2019) *Testosterone: An unauthorized biography.* Harvard University Press.

Missé, Miquel y Fernández, Sam (2018) "Desordenar el género: identidad, cuerpos, medicina y hormonas". Barcelona: Centre de Cultura Contemporània. Recuperado de https://www.cccb.org/es/multimedia/videos/miquel-misse-y-sam-fernandez/230059

Oudshoorn, Nelly (2005) *Beyond the Natural Body. An Archeology of Sex Hormones.* Londres: Routledge.

Sanchis-Segura, Carla (2020) "Cerebros masculinos y femeninos. ¿Mito o realidad?" Valencia: *Mètode,* 107, pp. 15-22.

Swaab, Dick F. y Bao, Ai-Min (2013) "Sexual differentiation of the human brain in relation to gender-identity, sexual orientation, and neuropsychiatric disorders". En Donald W. Pfaff (ed.), *Neuroscience in the 21st Century. From Basic to Clinical* (pp. 2973–2998). Nueva York: Springer. doi:10.1007/978-1-4614-1997-6_115

Van Anders, Sari M., Steiger, Jeffrey y Goldey, Katherine L. (2015) "Effects of gendered behavior on testosterone in women and men", *Proceedings of the National Academy of Sciences, 112*(45), 13805-13810. *Washington*: PNAS.

Aula
Milagros López

■ Con una mirada aguda y generosa al mismo tiempo, la poeta y profesora de instituto Milagros López presenta en *Aula* (Tigres de Papel, 2023) un conjunto de adolescentes con y desde las/os cuales mirar el mundo. Cada poema de este libro se centra en un/a muchacho/a concreto/a, que nombra en el título. Sin embargo, sus retratos no aspiran a documentar la realidad, aunque pudieran dar la impresión de que trazase una tipología del alumnado. Al contrario, sus piezas se abren desde las historias personales a todos los condicionamientos y efectos sociales que atraviesan nuestras relaciones y que reducen (en la mayoría de los casos) su futuro. De esta manera, la autora atiende y refleja tanto la diversidad como las problemáticas de este tiempo desde la óptica de la vivencia de estas/os chavalas/es. Con ese planteamiento, López construye poemas que caminan apoyándose en la resonancia simbólica. Sus versos que no se anclan en la anécdota biográfica, sino que adquieren distancia para despegarse de lo referencial y abrirse a la evocación y a las metáforas. Las historias individuales, de hecho, quedan diluidas y se intuyen, en muchas ocasiones, series de sugerentes imágenes. De este modo, Milagros López focaliza, pero únicamente para poder observar la singularidad que nos constituye, sin tratarlo como algo excepcional.

La denuncia de la injusticia, de la desigualdad o de las dificultades y angustias, sencillamente, de ser adolescente hoy en día, se trenza en estas páginas con la apelación a la ternura y con una mirada que acompaña y que se emociona ante lo que se vislumbra. Las dudas, la incertidumbre, pero también la fuerza de los anhelos, la valentia de la inocencia y la alegría de alcanzar los sueños afloran en todas estas piezas. Y, así, levanta un aire de cotidianeidad que no esconde ni la crudeza ni la ilusión que no puede dejar de conmovernos.

Alberto García-Teresa

MARTA

Marta dibuja unicornios
que la alivian de la Historia
y diluyen con bosques
la edad de las paredes.
A veces, Marta pinta
caminos en sus brazos,
en el baño de casa,
rutas que el acero anega de rojo.
En el cajón de la mesa:
palabras de despedida.
En clase: desconcierto,
arrebato, imprudencia
y mangas siempre largas.

Marta me habla de esas líneas
tras el cristal que enturbia las horas,
y sus trece años sopesan la escapada.

Mientras tanto, dibuja
criaturas que la rescaten
del óxido en la cuneta,
del atisbo de quietud,
del soplo absurdo que colma su espejo.

ALICIA

Alicia colorea pasillos
con vocación de arcoíris.
Convencida luchadora,
media cabeza al aire,
no hay lengua ni mirada
que refrene su bandera,
no hay tapia
que su arrojo no fulmine,
no hay mordaza
que acalle sus trabas a la usura,
la homofobia o el maltrato.

Alicia pasea de la mano de su novia,
valentía de dos cincos
es su única resistencia.

**

NEREA

Nerea descorcha la luz,
se filtra por el río
que apacigua las palabras
y las mece hasta tocar
la cúpula del ingenio.
Nerea revela altura
en los huesos del folio,
brilla para resarcir
el cepo que la historia
fue brindando a las mujeres,
y emerge de sus trazos
el bisturí con sus vidas,
los surcos que sofocan
los confines de su género.
Nerea reflota ciencia,
en la trama de la tinta
los significados arden
y el tiempo esboza un mar...
No hay talud en su destino.

ANTONIO

Antonio nunca mira a los ojos,
abstraído en los bucles de los dedos
se le enredan las palabras.
Antonio no atiende a fechas
ni a la jaula del programa
que él conduce a galaxias superiores.
Selecciona el saber,
descarrila los trazados de la didáctica.
Bajo las escaleras del pabellón B,
soledad y renuncia.

Hoy,
Antonio me ha mirado
y los muros de clase se han abierto
a la cabalgata de las valquirias.
Alemán sobre pizarra,
en los bosques de este héroe
no rige la ley de nuestro jardín,
cultivos innecesarios
para este dios que encontró
el anillo con que dominar el mundo.

**

ROSANA

Rosana quiere ser invisible,
refugiar el verde
del mástil de las miradas.
Rosana niega el fuego,
el asomo del mar,
paisajes que podrían
destapar el lienzo mudo.

No miréis a este pájaro
que ni el peinado muta
por cobijar su presencia.
Cuando llega la noche,
ante el armario de color,
le invade el dilema.

Rosana dispone atuendo,
se acuesta, duda, se levanta, cambia.
Por la mañana,
desecha toda osadía
y prepara otras fibras,
se reviste de negro,
activa la evasión.
No sabe Rosana
que ojos verdes
también conjuran imanes.

**

KAOUTAR

Entro en clase:
risas, hormonas, sudor, atropello.
En primera fila se aletarga la pubertad,
enlentece el pulso
la madurez que se precipita.

El padre de Kaoutar recoge limones.
La madre de Kaoutar recoge limones.
Testigos del hogar solo de madrugada;
tras el umbral,
la vida suda exilio, injertos
y el sello del frescor levantino.
Recogen limones.

Yo pregunto a Kaoutar:
Kaoutar, ¿por qué no estudias?

Doce años al alba en soledad,
sémola en los párpados de miel,
dos hermanos en su talego,
un guiso en las matemáticas de la última clase
y las cuentas del hogar
van derramando su infancia ácida y amarilla.
Los padres de Kaoutar recogen limones.
Cítrica es su ignorancia.

LEONARDO

Ha desandado el camino de sus conquistadores
en busca de un dorado que nunca llega.
Unida la voz, pesa la distancia
cuando ya se desdibujan los rostros
y el aroma de gallina
en los besos de la abuela.
Aquí todos en la huida de las sílabas
de su tostado indígena.
Leo deja de hablar,
se desmarca del círculo de risas y camada,
repliega su otredad
y aguarda, mes tras mes, la tierra prometida.
En casa, encebollado
con escamas de otra costa
y el estudio de una historia
escrita sobre su cadáver.

Ausente de vigía,
pasa la infancia, llega el olvido.
Ahora le echan brazos por el hombro,
le bailan las tres letras de su nombre.
Esa noche llega a casa,
el padre le sonríe:
–M'ijo, ya nos regresamos.
–¿Adónde? ¿No somos de aquí?

La estigmatización de los pobres.
Eugenismo y darwinismo social
Michel Husson
Sylone-***viento* sur**, 2023
314 pp. 15,80 €
Mikel de la Fuente Lavín

■ El libro póstumo de Michel Husson, estrecho colaborador de ***viento* sur** durante decenios, formaba parte de un proyecto cuya segunda parte estaría dedicada a la política de empleo y que no pudo ser concluida por su fallecimiento en julio de 2021. Está basado en la siguiente pregunta: "¿Cómo una sociedad puede tolerar dejar de lado a toda una proporción de *excedentarios*?". Para ello, tras comprobar la proliferación de teorías según las cuales la pobreza se basa en los rasgos biológicos y de raza y sexo de la gente pobre y sin empleo, analiza la teoría y las políticas del darwinismo social, si bien se incluyen las políticas sobre los pobres desde el siglo XVIII. Así, concluye que Darwin, si bien en *El origen de las especies* decía poco sobre la extensión de su teoría a la especie humana, en su obra posterior, *El origen del hombre*, mantiene la ambigüedad sobre la aplicación del principio de selección a la especie humana una vez alcanzado cierto grado de civilización. Por otra parte, Husson recoge documentos privados que aclaran que la teoría darwinista se articula con prejuicios de clase y posiciones reaccionarias en materias como el salario por méritos y a destajo y contra las cooperativas.

La obra describe y explica detalladamente las diversas concepciones del darwinismo social y recoge las posiciones de los filósofos, sociólogos y economistas partidarios del mismo, así como las revisiones críticas o apologéticas, haciendo uso de gran cantidad de fuentes escritas y ligándolas con las políticas de cada época. Se citan las abiertas propuestas de necropolítica de varios de sus defensores, que provocan reacciones de estupor por la ignominia que reflejan. Con todo, las referencias a la posición de los marxistas frente al darwinismo, suficientes y claras sobre el marxismo clásico, me parecen relativamente escasas en relación con el marxismo más actual. Esto puede deberse a la insuficiente elaboración teórica sobre el tema, que justamente queda en buena parte colmada por la obra de Michel Husson.

El libro dedica una especial atención a las posiciones "seleccionistas" de los grandes autores de la economía política burguesa. Revisando sus obras, muestra que, tras la matematización y pretensiones de racionalidad cientifista, se esconden prejuicios ideológicos reaccionarios que constituyen la verdadera base de sus teorías, lo que le lleva a calificar a la economía política como "lúgubre".

En resumen, estamos ante una obra que, a su rigor teórico para desmontar las teorías explicativas de las diferencias sociales, une un interés político evidente por la propagación de ideas reaccionarias justificativas de la desigualdad entre clases, sexos, pueblos y razas, lo que hace absolutamente recomendable su lectura.

***Ciudad feliz.* Transformar la vida a través del diseño urbano**
Charles Montgomery
Capitán Swing, 2023
416 pp. 25 €
Rosa Mª Pérez Mateo

■ Montgomery es un urbanista canadiense, cofundador del proyecto *Happy Cities* que, a través del diseño urbano quiere conseguir la felicidad de las personas relacionándola con su salud, su libertad de elección y movimiento y su relación con otras personas de su comunidad. En esta obra, expone distintas experiencias comunitarias que han cambiado la vida de los y las residentes de diferentes zonas del mundo, y que demuestran que el cambio de la ciudad dispersa a una ciudad densa, pero no saturada, contribuye a aumentar la salud, la economía y, por tanto, la felicidad de sus habitantes. Si bien es cierto que gran parte del libro se centra en ciudades americanas o canadienses, no es difícil extrapolar sus conclusiones a cualquier ciudad española.

La idea básica es que hemos llegado a un diseño urbano en que el protagonista omnipresente es el vehículo privado, donde se relega el transporte público, la movilidad ciclista e incluso la peatonal a algo residual y accesorio. Así, ofrece datos contundentes que manifiestan que la tendencia para conseguir esas ciudades felices debería ser justamente la contraria. Y para ello hay que conseguir que los desplazamientos inherentes a la vida cotidiana (compras, acudir al trabajo, a la escuela) no sean eternos; es decir, conseguir una ciudad densa donde haya comercio, trabajo, escuelas, centros sanitarios y no sólo viviendas.

La ciudad feliz también ha de ser una ciudad justa donde no exista segregación de ningún tipo. En las ciudades modernas todo es vertiginoso. Todas corremos de un lado a otro, en coche o a pie, convirtiendo el espacio público en una jungla no apta para niños, niñas o personas mayores que ven en peligro su integridad física y se sienten desplazadas por no poder "seguir el ritmo".

Montgomery recoge transformaciones impulsadas por alcaldes, urbanistas, arquitectos o vecinas que revierten estas situaciones de infelicidad al dar prioridad al transporte público para todas las personas, abrir el espacio privado al espacio público, convertir autopistas urbanas en playas, crear ágoras de encuentro comunitario... En resumen, venciendo la inercia de la dispersión, el uso del vehículo privado y la potenciación del individualismo.

No es fácil pelea conseguir la ciudad feliz, pues existen leyes urbanísticas que encorsetan y homogenizan lo que se puede y no se puede construir en un lugar, intereses económicos de las grandes corporaciones, de la industria automovilística. Pero el resultado bien merece la pena. Está demostrado que dejar el coche, disponer de lugares de encuentro y reducir el tiempo de desplazamiento a los lugares cotidianos está directamente relacionado con una mejora en la salud, en la economía y en la satisfacción personal; es decir, con la felicidad.

El sueño de Yugoslavia
Jordi Cumplido Mora
Bellaterra, 2023
437 pp. 24 €
Matías Escalera Cordero

■ ¿Quieren conocer la historia de Yugoslavia? ¿Quieren saber qué supuso su existencia en la geopolítica de la Europa central y oriental, o como proyecto *socialista real* distinto del modelo dominante? ¿Cómo se desbarató ese proyecto y cómo el viejo sueño del país de los eslavos del sur, que es lo que literalmente significa Yugoslavia, se convirtió en pesadilla? ¿Quieren saber por qué, años después, ese viejo sueño vuelve en muchos, entre los jóvenes también, en forma de *yugonostalgia*? Por favor, lean este libro de Jordi Cumplido Mora, pues su lectura reposada les responderá cualquiera de las preguntas que se hagan o se hayan hecho respecto de la antigua Yugoslavia: sobre su aparición como realidad histórica y política y sobre su desaparición de la faz de la Europa contemporánea, tras una guerra espantosa (de esas que se creían que eran ya imposibles en nuestro continente), que la aniquiló como país y como modelo social y político. Lo hará con una riqueza innegable de datos y de perspectivas diversas: geográficas, históricas, sociales, políticas y económicas (consúltese el índice), y con unos argumentos cimentados en el manejo objetivo, claro y coherente de los mismos.

Esta recomendación se la hace alguien que vivió y fue testigo, desde dentro, del trágico final de ese sueño; tal y como, hoy, desde hace más de una década, vive y conoce perfectamente esa misma realidad el autor, historiador y periodista especializado en el área geopolítica que analiza.

Si la riqueza de datos aportados y la extensa bibliografía nos da idea de su valor, la impecable rectitud en el enfoque adoptado para el análisis de los mismos no hace más que reforzar esa impresión. Lo que nos lleva hasta sus últimas páginas, en las que cierra ese repaso exhaustivo y lúcido de la historia de la antigua Yugoslavia con una conclusión justa y certera. Si la Yugoslavia socialista, nacida de la Segunda Guerra Mundial, no solamente estableció un modelo federal factible y eficiente de convivencia entre pueblos, sino que ofreció una alternativa viable y real al socialismo de Estado, predominante en el resto del bloque soviético, ¿por qué acabó como acabó? Porque, desde fuera (Estados Unidos y las potencias europeas con intereses en la zona) y desde dentro de la federación (las viejas *nomenklaturas* burocráticas nacionales), hubo sectores de las élites y fuerzas poderosas a las que no convenía la existencia ni el éxito de un modelo político y social de esta naturaleza; sobre todo, tras la caída del muro de Berlín y la desaparición de la Unión Soviética. Como sospechó Danilo Kiš, olvidar las enseñanzas del pasado, la ruina a la que nos llevaron los nacionalismos paranoicos, es el camino que nos lleva a repetir, una y otra vez, en este continente, esa misma ruina.

Insurreción animal
Sarat Colling
Errata Naturae, 2024
352 pp. 24 €
Alberto García-Teresa

■ Este ameno volumen nos presenta diferentes muestras de insubordinación de los animales no humanos ante el encierro, la violencia, la utilización o su asesinato por parte de las personas. Pero no se reduce a una mera exposición curiosa, anecdótica y cómplice de todos esos hechos concretos (que hilan el ensayo, sin embargo, y que dinamizan las reflexiones que encierra, de los que se aporta abundante material gráfico, además). La obra avanza más allá, puesto que Sarat Colling explora las motivaciones, los métodos y las finalidades de esos actos de insumisión. No en vano, este volumen culmina una larga investigación y una extensa trayectoria militante de la autora (doctora en Sociología Crítica con un trabajo sobre este tema hace más de diez años), y por eso se aprecia la sólida base teórica y documental desde la que se levantan estas páginas.

Las razones de la rebelión animal, para los propios individuos que la sufren, resulta obvia. Esos actos de rebeldía subrayan los intereses de cada uno de ellos y, en la opinión pública, calan como seres excepcionales. Pero los seres humanos continúan negando, evitando o minimizando los daños del cautiverio y del consumo de animales o de sus partes. Por eso, con prosa ágil y una perspectiva antiespecista, arremete contra el concepto de propiedad y de mercancía de los otros animales. A su vez, a partir de sublevaciones concretas y episodios significativos de rebelión, la autora se acerca a explicar las dinámicas de invisibilización de los mataderos para no perturbar el hipócrita consenso social y destapa las crueles prácticas de las industrias lácteas, avícolas y cárnicas. También pone de manifiesto el horror del "ocio" con animales para estos y explica los procesos de domesticación (de doma y manejo) con una mirada histórica (pormenorizada y terrorífica). De este modo, los vincula a la colonización y a la expansión territorial en zonas conquistadas mediante el pastoreo y las granjas. Así, la violencia contra los animales fomenta y desarrolla la violencia también contra las personas y la jerarquía. No en vano, la ostentación de los trofeos de caza o de las especies cautivadas sigue relacionada con la afirmación de un estatus y de una posición de poder.

Finalmente, como contraposición, aportando una veta de esperanza, aborda la necesaria función de los santuarios de rescate y reflexiona sobre sus implicaciones para la militancia animalista; sobre qué podemos aprender de estos episodios de rebeldía animal (acontecimientos disruptivos en el orden productivista antropocéntrico, en definitiva) y cómo esos ejemplos deben animar la lucha antiespecista.

Por tanto, este libro abre el campo de nuestra mirada sobre la dominación y nos invita a cuestionarnos radicalmente nuestra relación con las otras especies animales.

Y se oía a los grillos cantar
Corina Sabău
Consonni, 2023
160 pp. 17 €
Ana Grandal

■ En esta novela, Corina Sabău nos traslada a los años ochenta de su país, Rumanía, inmerso en el régimen comunista de Nicolae Ceaușescu, algunas de cuyas facetas quedan reflejadas en el texto: los jóvenes que son enviados a brigadas de trabajo en el campo, los artículos que se adquieren en economatos y la celebración de desfiles de obreros y obreras en honor a la patria y a su presidente. En este escenario, los ojos de la protagonista nos cuentan un relato que se sumerge en su vida y que muestra la dureza del machismo que no ha sido, o no ha querido ser, borrado.

Ecaterina es una mujer casada, tiene una hija pequeña y un buen trabajo como encargada de sección de una fábrica textil. Sus compañeras la tienen en alta estima, buscan consejo en ella y le piden ayuda para que solucione sus problemas. Es una figura de referencia. Pero Ecaterina alberga una profunda inseguridad, que se manifiesta en la relación con sus jefes y con su marido. No es de extrañar: en una sociedad pretendidamente sin clases e igualitaria, sigue perviviendo un feroz patriarcado.

Esta es también la historia de las otras mujeres de la fábrica: chicas rurales, solas, que van a trabajar a Bucarest y evidencian el atraso del entorno del que provienen. Ecaterina procede de ese mismo entorno: hija de padre maltratador, la aparición del que será su marido le hace concebir esperanzas de una vida mejor, cuando lo que acaba sucediendo es que trueca la violencia física por violencia verbal y psicológica. Para Ecaterina, su hija Sonia constituye la encarnación de la felicidad que emana de la ingenuidad, de lo no contaminado aún por las expectativas. Libre para expresarse, libre para sentir genuina alegría. Un embarazo no deseado pondrá de relieve el papel que se espera que desempeñen las mujeres o, más bien, sus cuerpos. De hecho, los cuerpos de las mujeres pertenecen al hombre con el que conviven, sea padre o marido, a las convenciones sociales que dictan cómo deben usarlo, y al Estado, dador de bondades que exige hijos en retorno. Así, un comportamiento fuera de la norma es considerado una humillación para el hombre de la familia; las peticiones laborales, un terreno ajeno a su incumbencia; y el aborto voluntario, una traición a la patria.

La autora elige el monólogo interior para abrirnos la puerta a la mente de Ecaterina y ser testigos de sus contradicciones, sus preguntas sin respuesta y su dolor. Esta técnica puede complicar la lectura en algunos momentos, pues no siempre es fácil seguir el hilo de su pensamiento. Pero hay algo que queda meridianamente claro: el atroz final de esta historia.

Anarcosocialismo y mística comunitaria
Gustav Landauer
Catarata, 2023
128 pp. 14,50 €
José Luis Carretero Miramar

■ En esta potente antología de la obra de Gustav Landauer, recopilada y prologada por Carlos Taibo, publicada dentro de la colección de "Clásicos del pensamiento crítico", podemos encontrar lo más actual del pensamiento de este anarquista alemán que participó en la República de los Consejos de Baviera y que defendió siempre posiciones que vinculaban estrechamente lo libertario y el socialismo de base con una perspectiva romántica e historicista que reclamaba la relevancia de las formas precapitalista de vida agraria medieval.

Landauer, frente al sindicalismo alemán de su tiempo, hegemonizado por la socialdemocracia, defiende abiertamente que "la acción decisiva del pueblo trabajador reside en el trabajo". Por ello, imagina la huelga general como una iniciativa "activa" y no "pasiva" que no consiste únicamente en la ausencia al trabajo o la insurrección, sino también en una reorganización productiva en la que los trabajadores pasan a ejercer de hecho todos los poderes de la vida social.

Para Landauer, el socialismo no resulta un asunto de sistemas teóricos o utopías pergeñadas por la intelectualidad del movimiento, sino una práctica efectiva de autoorganización de los de abajo que se conforma con cooperativas, redes de autoorganización y dinámicas de colaboración en la vida cotidiana. Se trata de un socialismo que se hace en el día a día por el pueblo en marcha, y no una idea manumisora que sólo se conoce por las promesas luminosas que presentan grandes pensadores.

En ese sentido, en palabras de Landauer, "empezamos a realizar el socialismo cuando dejamos de ser los esclavos del capital; (...) cuando dejamos de producir bienes para el mercado en tanto que trabajadores asalariados". Las cooperativas socialistas y los comedores populares, por tanto, se convierten bajo el pensamiento de Landauer en elementos estratégicos de avance hacia un socialismo real mucho más importantes que las luchas por el salario o la contienda electoral.

Esta pulsión hacia lo práctico hace que Landauer reivindique la rica textura de las formas de autoorganización de la Alemania medieval, con sus burgos autónomos y sus masas campesinas estrechamente vinculadas con los bienes comunales. Esta visión romántica de resistencia frente al avance del proceso de acumulación del capital constituye, precisamente, lo que Carlos Taibo nos destaca de este interesante pensador alemán. En palabras de Taibo: "En la estela de Landauer, se trataría de provocar la resurrección de una comunidad humana liberada de los mitos que rodean a la acumulación, al crecimiento, al progreso, a la competición y a la tecnología presuntamente liberadora".